中国高古玉器鉴赏

雷岩平 著

遥远的符号

Piclogram of Antiquity

福建美术出版社
海峡出版发行集团

序

古典情怀

中国是历史悠久，文化深厚，自黄帝帮国，经夏、商、周，秦、汉、隋、唐，宋、元、明、清，延续连绵至今，有文字记载，有实物见证的五千年文明史大国，也许是世界上唯一的大国。

文明史有三要素：一为文字，二为城市，三是冶炼。北京故宫博物院现有文物150万件，中国国家博物馆现有文物100万件，以及全国各地国家收藏和民间收藏的难计其数的珍贵文物，就是记载中华民族历史的创造和发展的见证。

如果以玉器来说，它的历史超五千年，甚至更长。我国新石器时代就有磨制石器，就有质地坚硬、色泽绚丽的“石之美”，这就是最早的玉器。可以说，玉器是中华民族历史文化的精髓，伴随着中华民族的形成和发展，是中华民族历史文化传承的重要根基。

近日，我读到雷岩平先生所著的《遥远的符号》书稿，收录有他同友人收藏的250余件高古玉器，他们中相当部分不亚于馆藏精品，甚慰。雷先生认为，古玉器是先人留给我们的遥远的符号，它需要有缘之人怀着一份古典的情怀去释译。我觉得这是一个独到的见解。

《三字经》有云：“玉不琢，不成器。人不学，不知义。”老子《道德经》云，“玉未琢为璞，璞散则为器”。《庄子·山木》篇曰：“既雕既琢，复归于璞。’善夫！”这实际上是一种很高的审美境界。历史的发展包括政治、经济、文化、科学等各方面的创新、变革、治乱、兴衰，而玉器的开采、制作、造型、纹饰等都会在这些方面有所显示，是反映客观历史和第一手资料。当人们收藏、鉴赏这些玉器珍品时，从它的质地、造型、图案、纹饰等方面，都会感受到国家伟大，文化深厚，能工巧匠睿智，创造力无穷。雷先生对我说，多年来，每得一件古玉，他总是废寝忘食，考究不止，直至得出答案。我想，这正是他的古典情怀所致。

在多年的收藏中，雷岩平先生多方寻访名师，足迹踏遍大江南北，特别是与港台高古玉方面的收藏家有着较为深入的交流、探讨。至今，雷先生对高古玉的制作工艺、沁色、辨伪、断代，以及盘玩后的变化等方面，有着不俗的认识。

与其他古物鉴定一样，中国传统的古玉鉴定学问，从来都是师传徒受，薪火相传。有许多经验，完全是凭借眼学，而非理性来完成的，这样往往出现以讹传讹的理论误区。像雷岩平先生这样的一批年轻的收藏家和鉴定者，他们对传统文化的考据，既有继承，又有发展，已自觉进入了扬弃状态。一方面，他们得到了系统的传统文化浸润，打下了扎实的基础；另一方面，当代最新的古玉研究成果和高新科技，又使他们的收藏与鉴定水准插上了翅膀。可以说，在中国新一代中青年收藏家和鉴定家，他们正以科学的实践论和方法论，义无反顾地担当了传统走向现代的责任。

雷先生是新闻工作者，利用业余时间，日积月累，取得了如此丰富的硕果，并以理论联系实际，编著成册付梓。这是一部值得阅读、值得收藏的好书，约我作序，甚为欣慰。

吕济民

2010年7月26日

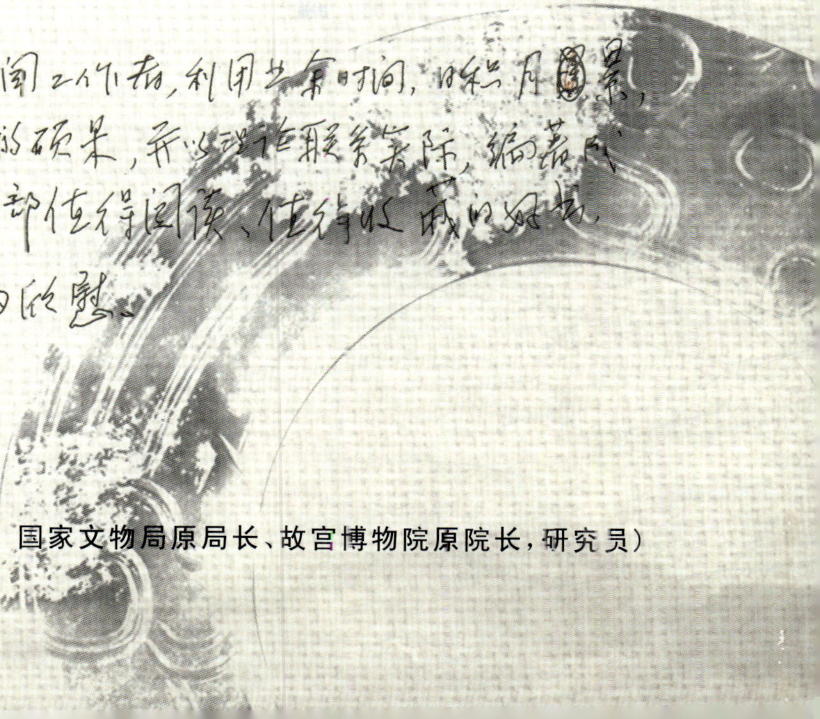

雷先生是新闻工作者，利用业余时间，日积月累，取得了如此丰富的硕果，并以理论联系实际，编著成册付梓。这是一部值得阅读、值得收藏的好书，约我作序，甚为欣慰。

（作者系 国家文物局原局长、故宫博物院原院长，研究员）

目　录 Catalogue

110 人凤首镂空佩(战国)
Carved jade pei-pendant with a human-and-phoenix head in openwork (the Warring States)

111 玉鹰形佩(战国)
Carved eagle-shaped jade pei-pendant (the Warring States)

112 玉龙佩(战国)
Carved dragon-shaped jade pei- pendant (the Warring States)

113 长身回首龙形佩(战国)
Carved long-bodied dragon jade pei-pendant with head looking back (the Warring States)

114 玉镂雕龙凤同体佩(战国)
Carved jade pei-pendant in shape of conjoined dragon and phoenix in openwork (the Warring States)

115 谷纹龙形佩(战国)
Carved jade pei-pendant in dragon shape with paddy pattern (the Warring States)

115 玉镂雕龙凤佩(战国)
Carved jade pei-pendant in shape of dragon-and-phoenix in openwork (the Warring States)

116 玉镂雕龙凤纹佩(战国)一对
A pair of carved jade pei-pendant with dragon-and-phoenix pattern in openwork (the Warring States)

117 玉镂雕螭凤佩(战国)
Carved jade pei pendant in shape of hornless dragon and phoenix in openwork (the Warring States)

118 玉镂雕龙凤佩(战国)
Carved jade pei-pendant in shape of a dragon and a phoenix in openwork (the Warring States)

119 龙形佩(战国)一对
A pair of carved dragon-shaped jade pei-pendant (the Warring States)

120 双龙双凤纹璜形佩(战国)
Carved jade huang-pendant with the design of two dragons and phoenixes (the Warring States)

121 双龙首鹰形璜(战国)
Carved eagle-shaped jade huang-pendant with two dragons' heads (the Warring States)

121 双龙首璜(战国)
Carved jade huang-pendant in shape of two dragons' heads (the Warring States)

122 玉镂雕双犀首出廓衡(战国)
Carved jade "heng" with double rhinos' heads in openwork (the Warring States)

123 双犀首冠状衡(战国)
Carved cornal jade heng in shape of two rhinos' heads (the Warring States)

123 玉龙首觿(战国)
Carved Jade "xi" in shape of a dragon's head (the Warring States)

124 兽面纹扁勒(战国)
Carved jade "lezi" in flat shape with beast face pattern (the Warring States)

125 云纹扁勒(战国)

Carved jade "lezi" in flat shape with cloud pattern (the Warring States)

126 饕餮纹鼓勒(战国)
Carved drama-shaped "lezi" with beast design (the Warring States)

127 云纹扁勒(战国)
Carved jade "lezi" in flat shape with cloud pattern (the Warring States)

128 琮形三节方勒(战国)
Carved square jade "lezi" in cong shape with three pairs (the Warring States)

128 玉琮(战国)
Carved jade cong (the Warring States)

129 勾连谷纹玉环(战国)一对
A Pair of carved jade rings with paddy pattern (the Warring States)

130 玉琥(战国)一对
A pair of carved jade tigers (the Warring States)

131 玉犀牛(战国)
Carved jade rhino (the Warring States)

132 玉犀(战国)
Carved jade rhino (the Warring States)

133 回首羊(战国)
Carved looking-back jade sheep (the Warring States)

134 天狗(战国)
Carved jade devouring dog (The Warring States)

135 飞翼兔(战国)
Carved jade rabbit with wings (The Warring States)

136 神兽背朱雀(战国)
Carved jade in shape of a god beast with a red phoenix on back (The Warring States)

138 玉鹅(战国)
Carved jade goose (The Warring States)

139 玉鸭(战国)
Carved jade duck (The Warring States)

140 阴阳人面纹玉凤鸟(战国)一对
A pair of jade phoenixes with a yin-yang human face design (The Warring States)

141 玉龟(战国)
Carved jade turtle (The Warring States)

142 圆雕玉神兽(战国)
Carved jade altorelievo in shape of a god beast (The Warring States)

143 圆雕玉神兽(战国)
(Related Jade Ware) Carved jade altorelievo in shape of a god beast (The Warring States)

144 四不象神兽(战国)
Carved jade god beast in shape of a milu deer (The Warring States)

182 游龙璧(西汉)
Carved jade "bi" Disc in shape of a walking dragon (Western Han Dynasty)

183 双螭纹双联璧(汉代)
Carved jade twin "bi" disc with two hornless dragons design (Han Dynasty)

184 双螭穿云盘龙璧(西汉)
Carved coiling-dragon jade "bi" disc with two hornless dragons going through the clouds (Western Han Dynasty)

185 双螭纹出廓璧(西汉)
Carved jade "bi" disc with two hornless dragons design (Western Han Dynasty)

186 双螭盘璧(西汉)
Carved jade "bi" disc in shape of two hornless dragons (Western Han Dynasty)

187 双螭纹出廓瑗(西汉)
Carved jade "yuan" with two hornless dragon design (Western Han Dynasty)

188 玉螭龙盘璧(西汉)
Carved jade "Bi" disc in shape of a hornless dragon (Western Han Dynasty)

189 高浮雕三螭纹弦纹玉璧(西汉)
Carved jade "bi" disc with three hornless dragons and bow string pattern in relief (Western Han Dynasty)

191 螭纹绞丝双区璧(西汉)
Carved jade "bi" discs with a Hornless dragon and a twister Silk design outside and paddy pattern inside (Western Han Dynasty)

193 盘龙镂空璧(汉代)
Carved "bi" disc in shape of coiling dragons in openwork (Han Dynasty)

193 勾连谷纹游龙璧(西汉)
Carved jade "bi" disc in shape of a walking dragon with continuous Interlocking paddy design (Western Han Dynasty)

194 四环龙纹璧(汉代)
Carved four-ring jade "bi" disc with dragon design (Han Dynasty)

195 蒲纹璧(汉代)
Carved jade "bi" disc with papyrus design (Han Dynasty)

196 咬尾龙谷纹璧(西汉)
Carved jade "bi" disc in shape of a tail-biting dragon with paddy design (Han Dynasty)

197 黄玉系璧(汉代)
Carved yellow jade "bi" disc (Han Dynasty)

198 如意纹双龙首佩(汉代)一对
A pair of carved pei-pendant in shape of two dragons' heads with ruyi pattern (Han Dynasty)

199 龙凤纹双环出郭璧(汉代)一对
A pair of carved double-ring jade "bi" discs with dragon and phoenix design (Han Dynasty)

200 绞丝纹重环璧（西汉）
Carved jade "bi" Disc in shape of overlapping rings (Western Han Dynasty)

201 双龙首出廓璜（汉代）一对
A Pair of carved jade "yuan" in shape of dragons' heads (Han Dynasty)

202 双螭双龙首出廓璜（汉代）
A pair of carved jade "yuan" in shape of the heads of two hornless dragons and two dragons (Han Dynasty)

203 双龙首出廓璜（西汉）
Carved jade "yuan" in shape of double dragons' heads (Western Han Dynasty)

204 双螭纹圭璧(汉代)
Carved jade "gui" disc with two hornless dragons design (Han Dynasty)

205 螭凤穿环镂空佩(西汉)
Carved jade pei–pendant in shape of a hornless dragon and a phoenix jumping through a ring in openwork.(Western Han Dyansty)

207 玉龙凤纹瑗(汉代)
Carved jade "yuan" with the design of a Hornless dragon and a phoenix design (Han Dynasty)

208 双凤纹兽面镂空佩(西汉)一对
A Pair of carved jade pei–pendant with a beast face and two phoenixes design in openwork (Western Han Dynasty)

209 双龙凤弦纹镂空佩(西汉)一对
A pair of carved jade pei–pendant in shape of two dragons and phoenixes with bow string pattern (Western Han Dynasty)

210 圆雕玉卷尾龙(西汉)
Carved jade altorelievo in shape of a tail–curling dragon (Western Han Dynasty)

212 圆雕玉咬尾龙(西汉)
Carved jade altorelievo in shape of a tail–biting dragon (Western Han Dynasty)

213 梭形龙(西汉)
Carved jade in shape of a spindle dragon (Western Han Dynasty)

215 凤鸟佩(西汉)
Carved jade pei–pendant in shape of a phoenix (Western Han Dynasty)

216 卷尾盘螭佩（西汉）
Carved jade pei–pendant in shape of a tail–curling hornless dragon (Western Han Dynasty)

217 弦纹尾螭龙佩(西汉)
Carved jade pei–pendant in shape of a hornless dragon with bow string pattern (Western Han Dynasty)

217 螭龙卷璧佩(西汉)
Carved jade pei–pendant in shape of a hornless dragon (Western Han Dynasty)

218 螭凤纹佩（汉代）
Carved jade pei–pendant with the desisn of a hornless dragon and a phoenix (Han Dynasty)

218 兽面纹螭纹镂空佩（汉代）
Carved pei-pendant with a beast face and a hornless dragon pattern (Han Dynasty)

219 子辰佩（汉代）
Carved jade pei-pendant in shape of a rat and a dragon (Han Dynasty)

220 龙虎纹玉带钩（西汉）
Carved jade belt hook with dragon and tiger design (Western Han Dyansty)

221 玉螭首觿（西汉）
Carved jade "xi" in shape of a hornless dragon's head (Western Han Dynasty)

223 玉镂雕回首龙形佩（西汉）一对
Carved jade pei-pendant in shape of a looking-back dragon in openwork (Western Han Dynasty)

224 圆雕凤螭佩（西汉）
Carved jade altorelivo pei-pendant in shape of a phoenix and a hornless dragon (Western Han Dyansty)

225 双螭首连身佩（西汉）一组 4 件
Carved pei-pendant in shape of two Hornless dragons sharing one body (Western Han Dynasty)

226 兽面纹牌饰（西汉）
Carved jade plaquette with beast face design (Western Han Dynasty)

227 螭虎纹云纹方形佩（西汉）
Carved square jade pei-pendant with hornless dragon and cloud pattern (Western Han Dynasty)

229 双龙首方形镂空佩（汉代）
Carved square jade pei-pendant in shape of two dragons' heads(Han Dynasty)

230 凤鹿佩（汉代）
Carved jade pei-pendant in shape of a phoenix and a deer(Han Dynasty)

231 方形龙凤佩（汉代）
Carved square jade pei-pendant in shape of a dragon and a phoenix(Han Dynasty)

232 玉镂雕双龙四凤佩（西汉）
Carved jade pei-pendant in shape of two dragons and four phoenixes in openwork (Western Han Dynasty)

233 玉镂雕龙纹冠形佩（汉代）
Carved coronary jade pei-pendant with the design of four dragons in openwork (Han Dynasty)

234 凤形镂空佩（西汉）
Carved jade pei-pendant in shape of a phoenix in openwork (Western Han Dynasty)

235 盘螭佩（西汉）
Carved jade pei-pendant in shape of a coiling hornless dragon (Western Han Dynasty)

236 螭掠兽首佩（西汉）
Carved jade pei-pendant in shape of a hornless dragon capturing a beast's head (Western Han Dynasty)

237 鹰鸟佩（西汉）
Carved jade pei-pendant in shape of an eagle (Western Han Dynasty)

238 双龙单凤镂空佩(汉代)
Carved jade pei-pendant in shape of two dragons and a phoenix in openwork (Han Dynasty)

239 双龙首飞翼盘龙佩(汉代)
Carved jade pei-pendant in shape of a coiling dragon with two heads and wings (Han Dynasty)

240 龙形佩(汉代)
Carved jade pei-pendant in shape of a dragon(Han Dynasty)

241 韘(鸡心佩)
Carved cork-heart-shaped jade pei-pendant

242 黄玉穿云螭龙鸡心佩(西汉)
Carved cork-heart-shaped yellow jade pei-pendant in shape of a Hornless dragon going through clouds (Western Han Dynasty)

243 鸡心佩(西汉)
Carved cork-heart-shaped jade pei-pendant (Western Han Dynasty)

244 螭纹鸡心佩(西汉)
Carved cork-heart-shaped jade pei-pendant with hornless dragon pattern (Western Han Dynasty)

245 双螭纹鸡心佩(西汉)
Carved cork-heart-shaped jade pei-pendant with two hornless dragons pattern (Western Han Dynasty)

246 凤纹鸡心佩(西汉)
Carved cork-heart-shaped jade pei-pendant with pattern of a phoenix (Western Han Dynasty)

248 三凤玉勒子(西汉)
Carved jade "lezi" in shape of three phoenixes (Western Han Dynasty)

250 穿云龙豹纹圆勒(汉代)
Carved round jade "lezi" with the design of a dragon and a puma going through the clouds (Han Dynasty)

251 云纹束腰玉勒子(西汉)
Carved jade "lezi" with cloud pattern (Western Han Dynasty)

252 玉天驼(西汉)
Carved jade god beast (Western Han Dynasty)

254 方角玉牛(汉代)
Carved jade square-horned cattle (Han Dynasty)

255 玉天马(西汉)
Carved jade horse (Western Han Dynasty)

257 圆雕玉坐熊(汉代)
Carved jade altorelievo in shape of a sitting bear (Han Dynasty)

258 圆雕玉瑞兽(西汉)
Carved jade altorelievo in shape of a mythical beast (Western Han Dynasty)

绪 论 Preface

遥远的符号

“奇迹时代”薪火相传的玉石情结
An Age of Wonders, A Jade Fervor of Conveying

公元前两三千年到公元元年左右的历史，被称作人类的“奇迹时代”。这个时代创造了许多在今人看来几乎不可能的东西，恢弘的如金字塔、长城、秦始皇兵马俑等；精巧的则首推中国古代玉器。在古代，玉器被誉为“国之重器”。

玉是大自然对人类的馈赠。自古以来，中国人对玉就有着特殊的喜爱。玉文化作为中国文明一个重要组成部分，形成了世界上独有的文化，在中国几千年文明史中产生无法估量的深远影响。著名学者李约瑟说：“对玉的爱好，可以说是中国的文化特色之一。”

玉文化是中华文明的缩影，泱泱华夏，有文字记载的历史上下五千年，而玉文化则绵延八千年生生不息，它的辉煌不亚于长城和兵马俑，它的成就远远超过了丝绸文化、茶文化和酒文化等。中国玉文化包含着伟大的民族精神，有“宁为玉碎”的爱国民族气节，“化为玉帛”的团结友爱风尚，“润泽以温”的无私奉献品德，“锐廉不挠”的开拓进取精神。

中国古代玉器史经历神玉文化、王玉文化、民玉文化3个阶段，这个过程用了五千余年。直到北宋，随着允许自由交易的官方机构“七宝社”的出现，玉才从神坛和庙堂进入了寻常百姓家，于是有了“民玉文化”。玉是远古先民顶礼膜拜的神物，是森严礼仪等级制度的象征，是古人审美情趣和生活图景的再现。先民把玉看成天地精气的结晶，用作人神心灵沟通的中介物，使玉具有不同寻常的宗教象征意义。玉制品还被看作显示等级身份地位的象征物，成为维系社会统治秩序“礼制”的重要构成。玉同时是富贵和权力的象征，又是美丽、高尚、廉洁等精神美的象征。

在生产力水平低下的生存环境中，古人们如何创造一件件巧夺天工的作品？5300年前的凌家滩人，竟能用直径不超过0.07毫米的管钻头在玉器上钻孔打洞，而且打的是在今天也属于高难度的“隧道孔”（如图）。

笔者认为，形成任何一件高古玉器作品的过程，都是毅力、技巧与精神交融的过程。

先人已矣，但他们留下的作品，以非凡的美丽和年代悠远的魅力受到人们的由衷赞美、惊叹。这些神秘、遥远、灵动又充满温度的远古符号，让我们敬畏、震撼，直达心灵。

“言念君子，温其如玉”。进入了封建社会，人性的觉醒超越了对神的崇拜。玉器在商周时代主要作为祭天地、敬鬼神的森严宗法礼器，到了春秋、战汉时期则逐渐成为为人服务的实用器皿，并被赋予了强烈的人格化色彩，审美意识从早期的“娱神”，逐渐转向“娱人”。春秋时期，诸侯争霸，“礼崩乐坏”，文化繁荣，许多思想大家应运而生。代表新兴地主阶级的诸子百家大力提倡“君子以玉喻德”，“君子无故玉不去身”，将玉的自然属性上升为社会品德，以“仁、义、礼、智、信”赋予玉于道德的文化内涵。

中国是爱玉之国、崇玉之邦。在神玉、王玉时代，尽管普通百姓不能拥有玉，但它作为一种美好高尚的道德形象的化身与寄托，深深地根植于国人的心底，成为人们的精神家园。玉文化薪火相传，泽被一代又一代的国人。“石之美者”绚丽的外观，温润的内质和道德内涵，影响了中华民族几千年的文化和审美观念。至今，我们依然可以这样认为，中国人的玉石情结是世界上任何民族都不能企及的。

八千年玉石文化的落寞与困顿

Jade Culture, 8000 Years of Loneliness and Perplexity

在历史的长河中，王朝更替、山河易主、历史变迁、斗转星移，加上地质运动、考古发掘及盗墓取宝等因素，至今散落在民间或其他机构的高古玉器为数甚多。但大多数人能拥有一两件便视为至宝，轻易不肯示人。在全民收藏、国家鼓励藏宝于民的今天，提笔写书是一种荣耀，更是一种责任。

收藏是一件十分艰辛和寂寞的事。你手里握有一大堆“宝贝”，可是最后一经鉴定却发现，穷尽几年甚至几十年之功收藏的东西基本上都是仿品；你是行家，握着不少货真价实的好东西却无人识得，你只能在夜深人静，像“尼姑搬砖头”似的自娱自乐，成了不折不扣的当代“卞和”。

这种事藏友们经常遇见，个中的失落与寂寞无人能晓。于是，使命促使笔者写这本书。怀着敬畏感，试图在前人的基础上，结合自己的收藏与盘玩经验，完成一本“与众不同”的书。但事实证明，高古玉的鉴赏是一个系统工程，易精其一，难精其二。笔者的许多观点依然建立在秉承先人及家学的理论基础上，其中的不少说法也可能落入俗套，拾人牙慧而浑然不觉。

中华古玉文化上下8000余年。其间，有多少国之瑰宝，多少闻所未闻的器物藏于民间，我们仅凭一双肉眼又能识得了几许？例如，笔者曾经坚定不移地认为，岫岩玉是红山文化玉的唯一用料，前不久却在台湾一个藏友家中看到了一件用和田玉雕琢的红山C形龙，顿时汗颜不已；收藏界曾经认为，“战国玉器出现鱼鳞纹饰必为仿品”，但在曾侯乙墓16节玉带出土之后，世人大跌眼镜。

现在，不少藏友走进两个误区，一是认为，高古玉一定又脏又破。作伪者也掌握了藏友这个心态，费尽心机地弄出“残、脏、旧”的“高古玉”来。却不知，商周战汉高古玉，90%左右都采用上乘的和田玉料，它所呈现的现象是“干净”，即使受满沁也依然能给人“熟”、“净”、“肥”之感。

二是认为，高古玉应该件件精美绝伦，工艺稍微粗糙一点的通通断为伪品。其实不然，如大家都知道“春秋五霸”、“战国七雄”，却少有人知道那个时代以“国家”形式出现的绝不只有“五霸”和“七雄”，还有众多不知名的小国，尽管有的“国家”可能只是一个小镇，或只是个土围子。

《东周列国志》记载，“禹会诸侯于涂山，执玉帛者万国。成、汤之时，有三千余国；武王观兵，有千八百国；东迁之初，尚存千二百国……见于春秋经传者，惟百有余国。”国力有强弱，生产力水平存高低，玉器的精粗不同便可理解了。

因而，高古玉的鉴定除了先验性，更要注重实践性与科学性。

高古玉价值与价格的关系
Value and Price of Ancient Fine Jade

收藏界的故事特别多，多数是神乎其神的。笔者认为，市场上只有价格高低之分，捡漏的概率微乎其微，至少笔者没捡过一回真正意义上的“漏”。现在，不少朋友总希望能把我叫去，给他们掌眼，捡一些“漏”回来。尽管每回我都很认真地帮忙寻找，却总叫他们失望不已。

近日，听闻上个世纪80年代初期，花个百把元就能从文物商店买两三件战汉时期的龙形佩。现在，这种龙形佩每件民间交流大都在几万十几万元之间，如果进大拍卖行，品相好、器形大的动辄就是几十上百万元。

当年那些收藏家捡到漏了吗？不算的。因为相对于每月十几元的工资收入，那些高古玉实在太昂贵了。

不幸，现在捡漏的故事越来越多了，让不少人听了神魂颠倒，上当受骗。

由于高古玉的神秘与冷门，所以它注定只能为少数资深藏家和财富阶层大量拥有，普通百姓能有个几件算是幸运的了。

上个世纪70年代末至80年代初期，共和国国门初开。那时，全国上下正在解决温饱问题，哪有时间顾及不能当饭吃的古玉，而比我们“先富”的港台同胞纷至沓来，用区区几万元扫荡一个文物商店的“传奇”屡有听闻。港台以及东南亚一带的古董商在大陆各个渠道收购古玉、高古玉风潮一直持续到上个世纪90年代末。

不久前，一个香港古董商感慨地告诉笔者，1986年他用一台三用机在沿海某县和一个老渔民换了两件高古玉。老渔民一阵窒息，两眼顿时光芒四射，扬起脖子一口气喝干了半碗“地瓜烧”，拉着小他两轮的港商的手诚实地说：“哥啊，亏天亏地不能亏了香港同胞啊。”说着，移开壁厨，从黑乎乎的墙洞里又摸出一件汉代的圆雕塞过去。这回轮到港商犯晕，在他窒息的那会儿，老渔民和几个儿子已经美滋滋地听着邓丽君的“靡靡之音”了。

2005年开始，古董回流一词出现在各大报刊上。促使老祖先的东西回到大陆的主力军除了曾经的港台古董商外，就是广东、福建、浙江和江西人。

2007年，是古董的“回流年”。

这一年，境外更多的高古玉器回来了，许多古董商在北京、上海、广州、福州等地开店卖玉，但因为各种因素，有的没开多久就关门了。

这一年，过热的国内经济催生了一大批新富。高古玉拍卖纪录屡创新高，易于辨别的明清件更是成了新宠。广东、江浙一带的隐形民间资本大量染指高古玉。精明的古董商已看到了回流的商机，那就是大陆的古玉价格已超过港台，甚至超过欧美。

任何一件商品都分成价值与价格，价值是通过价格体现的。古人云"黄金有价玉无价"。高古玉经过漫长的历史长河的浸淫和洗礼，它所体现的文化内涵远高于明清件和新玉。从这个意义上讲，高古玉更难以价格来衡量。但任何一种东西如果作为商品进入市场，就必须有其价格杠杆存在。如果杠杆失衡，其价值属性就被破坏了。

对于高古玉，关键还是要看高古玉的价格是否被高估了，或被低估了，两种情况都可能导致高古玉偏离其本身的价值。从市场上讲，高古玉价格从上个世纪中期至今平均翻了几十上百倍以上。有人不以为然，古代生产力水平低下，一个玉工一辈子只能做几件东西，那些王侯为了得到一件精美的玉器，往往不考虑工本。既然新"玉"都"无价"了，那么高古玉当然是天价了。这样说当然可以，问题是你天价的东西进入市场后是否有人接盘？

笔者认为，要想看明白古玉的价格，首先要明确两个概念：古玉的价格和古玉的价值。一件古玉的价值主要由6个方面构成，即材料价格、制作年代、艺术性、存世量、文物考古价值、传承关系。

而一件古玉的价格，也有8个决定因素：

材料价格：玉料质地好相对价格就高；

制作年代：年代久远的相对价格就高；

艺术性：艺术性强的相对价格就高；

存世量：存世量少的相对价格就高；

文物考古价值：能添补考古界某些空白或具历史意义的相对价格就高；

传承关系：有明确传承关系的相对价格就高。

此外，还有供求关系、国民经济等。

岁月留痕话鉴定
How to Indentify the Ancient Fine Jade

中国治玉工艺的起源可上溯到60万年前"北京人"用水晶、玛瑙蛇纹石等打制的片状旧石器。之后，治玉工艺从制石工艺分离出来。我们的先人第一次与玉相遇，就将美的想象和智慧融入玉中，创作了一件件精美绝伦的传世杰作，传递着中华玉文化的深邃。

鉴定分为辨伪和断代。但两者的前提都是你必须先学会看新旧，特别要学会判断“这件器物是不是旧的”。

除了极少数传世品，高古玉深藏地下两千年以上，一有八九会发生质变。比如氧化白斑（俗称灰皮）、白化、瓷化、钙化、晶状物、次生结晶、次生物，还有沁色等。玉器如果受到重金属，如“水银沁”（硫酸汞）或重金属盐侵蚀，就可能使沁入集中的地方产生凹陷现象；如果受到地热或挤压，会产生桥变等。

受沁程度的大小因土壤、气候、压力、温度等条件而异。多数的物质都带有一定的颜色，不同的物质沁入玉器里面，就给玉器带来了各种各样的颜色。这些色沁一般都由表及里分布，有一种层次感、灵动感和通透感（通而不透），看上去十分自然。不像人工沁染的玉器，色发死，附在表面，内外两张皮，没有层次感。

当然也有一部分古玉，由于埋藏的地质条件适宜，受浸染部分极少，至少“看不出”受沁的地方，所谓的“好玉不受沁”就是这个意思。然而，高古玉纵使表面没有一点沁色，其光泽也会从当年的玻璃光变成现在的蜡脂光，迎光细看玉理已经发生变化，已变得漫漫散散，混混沌沌，筋脉毕现，通而不透。

反过来说，如果地质条件适合受沁，再好的玉还是会受沁的。

接下来，你要掌握看包浆的本领。老玉的包浆是相对新玉抛光后的那层亮闪闪的贼光而言的。所谓包浆，实际上就是玉质表面上的一层氧化物。有人这样给包浆下定义：“包浆就是以物品为载体的岁月留痕。它是在悠悠岁月中因为灰尘、汗水，把玩者的手泽，或者土埋水浸，经久的摩挲，甚至空气中射线的穿越，层层积淀，逐渐形成的表面皮壳。”

学会看包浆，这是一项宏观的本领。几乎每一件高古玉都有包浆，只是厚薄有别而已。笔者曾看过一本书，上面说：“有的刚出土的古玉没有包浆”。笔者没有机会参与考古发掘，但多年来接触把玩过大量高古玉，也有见过似乎“没有包浆”的高古玉。实际上，它还是有包浆的，只不过它存在一种“隐形包浆”，盘玩三五天，必出包浆，而且相当厚实。

高古玉的包浆与明清件的包浆显然不同，因为高古玉的包浆基本是一种质变现象，你即使用洗洁精清洗（笔者提醒，尽量不要做这些试验），只要稍经盘玩，厚实的包浆马上重现。而年代较近的明清件，就没有这种本领了。

现在不少仿品都能把“包浆”做得十分逼真。手法繁多，用化学药水浸泡，用抛光箱震荡等。其中最主要的方法就是给“古”玉上蜡，或者直接放到蜡熔液里煮，过后擦拭干净。鉴定这样的“包浆”用一根牙签足够了，你就专找那刀痕、钻孔的地方剔，肯定会剔出一堆蜡烛来。如果你没带牙签也不要紧，用手或用纸搓几搓，手必沾蜡。真品高古玉如脂似蜡，手搓过去却沾不到任何的蜡。

那么，沾了蜡的是不是都是伪品？也不一定，一些出土的器皿有时里面就装满了蜡。在辨伪上，就需要综合考量。

如果懂得了质变和沁色，你基本掌握了新旧的区别了。

至于断代，这是最“高科技”的一项技术了。人们主要的经验是看玉质、器形、纹饰、“刀”痕、沁色。那么，从直观和感觉上如何判断高古玉的真伪？笔者认为，只有两个字“神韵”。这是一种感觉，说不清道不明。处在神玉和王玉时代的高古玉器，每件器形都遵循着严格的形制，包括比例、造型、用料，即便是再小、再粗糙的器型依然能给人大气、规整之感。只要是真品，你越看越真，仿品越看越假。如果你真品看多了，就有了这种感觉。到哪里看真品？那些古玉收藏齐全，断代准确的大博物馆就是最好的去处。

古器仿古作伪始自宋代，历来作伪手段花样不断翻新，时至今日更生出无数化学沁、杂料、替代料假仿。对于高明的作伪者来说，器形、纹饰、痕迹、沁色皆可高仿，但只能高仿其一其二，要综合仿起来就不容易了。换句话，倘若一切都能高仿，那“时间”恐怕仿不了。

宁静致远品古玉

Appreciation of Ancient Fine Jade

藏玉，最重要的目的之一就是玩玉。一件高古玉即便是出土几十几百年，如果不经盘玩，依然是生坑状态，是“死”的。有收藏家形象比喻，高古玉是一种“毒品”，越玩越上瘾，越盘越活，越盘越“新”，笔者深以为然。

在所有玉石中，高古玉是最好玩的。熟坑和半熟坑的高古玉，其手感之妙是任何玉石都无法比肩的。更重要的是，古玉盘变过程带来的愉悦，是难以言表的。只收藏不盘玩充其量是个“藏家”。

盘玩高古玉的知识很多，对错参半，有的则是以讹传讹。比如什么“意盘”，有几个人盘过？武盘？你那么多精力24小时不间断“武”吗？

盘玩高古玉窍门不少，比如商周与春秋战汉的盘法就不太一样，主要是因为入土时间的长短不同，受沁程度轻重不一样。相形之下，受沁较为严重的商周古玉在盘玩一段后，必须让它休整一段再盘，这样有利于玉性的恢复。战汉的古玉由于年代“近”等原因，相对可以“粗鲁”一些。

高古玉的盘变是一个循序渐进的过程，需要宁静致远的心态，或许在你不经意间，手中的宝贝就完成了一次重整。要让高古玉有序重整、土门有序“张弛”，不能太“武盘”。试想，一块玉经过几千年的质变，你想让它短时间恢复盘活、盘熟有可能吗？更不要急功近利，相信那些所谓“专家”的经验：

“把玉放在水里煮”、“用棕毛刷盘”、“把什么叶，或者糠和玉放一起，装在布袋里搓揉”、“用丝绸盘”等等。假如你听了这些话，一定后悔。国内一位著名专家，曾在一本书上教人玩玉，其“重要方法”是给玉上蜡。事实上，给玉上蜡比一些人给黄花梨家具刷油上蜡更加愚蠢。这样的“专家”为数不少，他们身居业界高位，胡说八道，害人不浅。

笔者认为，正确的盘玉方法应该使用白色纯棉布袋，等玉盘到三分熟（玉性恢复，杂质有较多的排放，包浆开始厚实老到，如有钙化部分应该有自然修复的现象）后试着用手盘和布盘相结合的方法把玩，这样可以训练古玉鉴定中至关重要的“手感”。高古玉是不怕身上弱酸、弱脂的，它只怕腥、油。每半个月，用90℃左右的水稍微冲洗或浸泡，让它自然晾干即可。

吐灰（有的吐浆），许多初学者把吐灰当作是鉴定高古玉真伪的唯一法宝。所谓的灰，就是覆盖在高古玉表面的一层氧化白斑，是一种质变现象。“灰”的化学成份不外乎是硅、酸、碱之类的。不少仿品也会吐“灰”。主要是看，它吐的是什么“灰”？高古玉的吐“灰”现象至少有十几种，但在20倍镜下，其“灰”必然是晶状、浆状的，即使是粉状的也是由细晶体组成的。

把高古玉浸泡在热水、冷水之中，或者身上流汗均能出“灰”，只不过时间长短，吐灰量多寡不同而已。

高古玉的吐灰会一直吐到五分熟为止（至少几百上千次）。仿品越吐灰越弱，几次就没了。有的高古玉不吐灰（微弱），比如玻璃光面的、呈年糕状的，只有在刀痕地方能看见其微弱的“灰”。受沁越严重、浸蚀越严重，吐灰越厉害。生坑高古玉一般每年控制在5次左右（多吐几次也没什么大问题）。

上述所言，其实不过是技巧层面的问题。真正的问题是，掌握种种技巧，究竟要指向何方？今天，先人的基因和智慧仍然活跃在一件件玉器里，如同遥远的符号，需要我们解读。

在这个领域，应该始于热爱，终于寂静。把玩把玩，动的是手，最终要回归心灵，玩到“万籁此都寂，但余钟磬音”的境界，那才是“悟”，才是真正的高人。

鉴赏高古玉不在于水平高低，在于你心够不够静。

这个时代一切都可以复制，但只有那些被历史磨洗和无声润饰过的东西无法拷贝，它们遗世独立各自奔放。玉是有灵性的，它不仅被时间侵染，更是光阴更迭的见证者。它是某种能够穿越空间的活物，就像那些内心平和自由的旅人，一路荆棘一路陶醉，汲取自然赋予的气质，在千回百转之中累积沉淀。

商代 Shang Dynasty

（前1600年～前1046年）

(From 1600 B.C.To 1046 B.C.)

一

商代是中国古代玉器发展期和成长期。统一国家的形成加强了各地之间的文化交流，使琢玉工艺趋于一致。特别是商代晚期，玉器不仅用料精，而且数量庞大，品类齐全，在制作工艺上推陈出新，并出现了一系列独特的风格。对后世影响深远的玉器礼制化也完备于商代。

这个时期，青铜器在生产领域广泛运用，琢玉技术得到进一步发展，玉工们利用青铜砣具加解玉砂，于礼制范围内，可以随心所欲地在玉料上琢磨出各种纹饰，各种礼器、佩饰品和日用器皿。商代是中国奴隶社会的大发展时期，礼法制度和一切祭祀活动表现得十分庄重肃穆，社会中存在以“礼”为主的等级制度，即所谓“衣服有制，宫室有度”，人们必须按照严格的等级穿衣、用玉。因此，玉器制作首先是围绕与国家社稷息息相关的“礼”而进行的，其使用的礼器有璧、琮、圭、牙璋、戈、环、矛、钺、戚和刀等。

二

中国最初的国家——奴隶制国家，历经夏、商、周三个时代，史学家称此为“三代”。“三代”玉器中，供王室、诸侯使用的称为礼器，其中包括祭祀器具。其实，从现在考古出土和民间流行的玉器来看，属于夏朝的极少，而且难以断定。所以，学术界和民间“实战派”均有“三代不断夏”的说法。在商代，琢玉工艺已形成了一个专业门类，出现了早、晚两个时期不同的内容与风格。早期以郑州二里岗出土的玉戈、佩饰玉为代表；晚期则以1976年河南安阳殷墟“妇好墓”出土的755件玉器为代表。

妇好是商朝第二十四代王武丁的妻子，又是为武丁东征西讨的一员女将，生前地位显赫，死后下葬也隆重豪华，随妇好入土的玉器数目之大，品种之精都令人惊叹。这755件玉器是目前单墓出土数量最多的，涵盖玉龙、玉虎、玉象、玉凤、玉熊、玉马、玉牛、玉猪、玉鹰、玉跪坐人、玉圭等佩饰件，纹饰华美；礼器璧、琮、圭、瑗、璜、盘等受青铜器艺术风格影响。这批玉器出土后，有关部门对玉料进行检测，发现其中和田玉用料占60%，其他的玉材分别为岫岩玉、独山玉。

商代晚期，商王武丁派兵打了一场莫名其妙的战争。

《易经·既济·九三爻辞》载：“高宗伐鬼方，三年克之。”《易经·未济·九四爻辞》：“震用伐鬼方，三年有赏于大国。”鬼方是我国西北地区新疆、内蒙古等地少数民族部落。这些记录说明，商代武丁在位时，曾对鬼方部落，持续发动了长达3年之久的讨伐战争，并取得了胜利。关于这场战争起因，长久以来一直是个谜。有学者认为，当时中原的玉石质次，资源少，主要是依靠别的方国部落（特别是鬼方）的进贡。武丁伐鬼方的起因是由于鬼方部落不听话，不向商王朝缴纳产自新疆的和田玉所引起的。

大概在商代，人们的选玉标准就已发生了变化，“石之美者”不再单纯是玉了。

妇好墓出土的玉器说明，商代用玉已打破就地取材的界限，西域通往中原的玉石之路已经打开。这时，玉稀少而美好，帝王在分封诸侯时，就以此赐作享有权力的标记；玉器很贵重，王公贵族也往往以此来炫耀自己财富丰足。

妇好墓中那么多玉器，就是武丁企望妇好虽死，财势犹存的寄托。这充分反映：玉器至少从商代开始，就出现了贵族化的倾向。

商代的玉器除了用以祭祀和象征权力、财富之外，还大量用于佩挂、避邪。然而，这些玉器中的绝大多数也为王公贵族所拥有，平民阶层不得用玉。

商代玉器简评

一、琢玉特征：

1、青铜器广泛运用，琢玉技术得到进一步发展，玉工们更加熟练地利用青铜砣具加解玉砂，可以随心所欲地在玉料上琢磨出各种纹饰和器形，精细程度大大超越新石器时代。

2、在钻孔工艺上，商代中晚期，钻孔技术已相当成熟，从器物上可见到青铜管钻、桯钻两种钻孔方法。桯钻：钻孔一般孔径较小。如果器形较薄，多是单向桯钻，孔径一端大，一端小，呈漏斗形；如果器形较厚或较长，则多是两面对钻。由于两端钻孔中心不在同一直线上，很容易在中部交错，形成"台痕"。管钻：钻孔孔径一般较大。器物较薄者，多单向钻，器物较厚者，则两面对钻，有的孔道中还留有对接未打磨的断茬。商代晚期，青铜管钻渐成主流打孔工艺。

3、与新石器时代器形相比，商代玉器的装饰有了很大的发展，一些动物禽鸟，以及特定的器形上出现了"凹"字形齿脊装饰，这是商代玉器独有的特征和标志之一。西周等后仿之齿脊均无法达到商器的神韵，皆圆滑有余，犀利不足。

4、抛光工艺：商代大多数玉器抛光不细，地子上有特征明显的橘皮纹，这些痕迹立体感强，像溪边陈年的洗衣石，古意盎然，看似坑洼斑驳，抚之却十分平顺。商代橘皮纹与战汉时期的明显不同；战汉玉器橘皮纹地子细，光感强，有时需用10倍镜才能观察到。

二、纹饰特征：商代的玉器大量出现单阴线刻、双阴拟阳（双勾拟阳）、剔地起阳线、弧线纹，以及直线纹和折线纹（折铁线）等琢磨手法。青铜器器形和纹饰首次大量移植并出现在商代玉器，特别是一些大型的实用玉器皿，如鼎、爵、簋、觥、盆等几乎就是青铜器的缩影。相当数量的玉器纹饰仿照青铜器的几何形纹，以点、线、圆形、方形、三角形为基本要素，构成了弦纹、云雷纹、涡纹、"臣"字目形纹、回纹（重环纹）等。

卷尾玉龙佩（商代）

Carved jade pei-pendant in shape of a tail-curling dragon（Shang Dynasty）

长 5.2cm 宽 3.2cm 厚 0.3cm

200倍局部放大，自然侵蚀下的器表

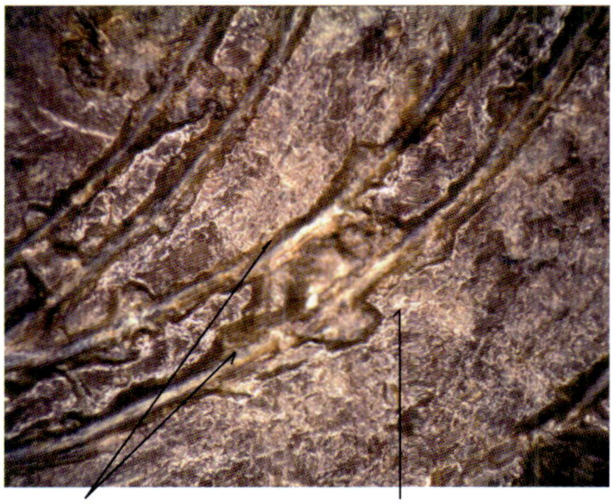

双阴拟阳线　　钙化并呈结晶解理现象

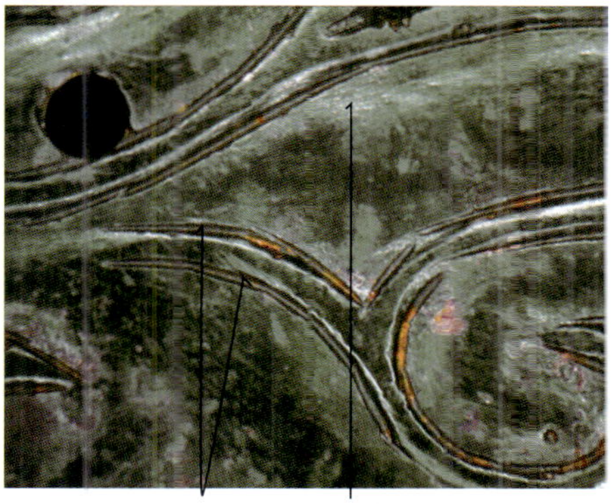

双阴拟阳线　　橘皮纹抛光

碧玉质，玉质细腻油润，精光内敛。受褐色沁，局部已钙化，钙化部分形如枯骨，实则坚固异常；器表采用商代特有的橘皮纹抛光工艺，与战汉时期的橘皮纹抛光工艺不同。在10倍镜下可见器表油润欲滴，灰皮状如乳胶，二蚀孔外小内大，有次生结晶现象。

玉龙佩生坑特征明显。由于器形细薄，稍经佩带或盘玩便能较迅速实现重整，恢复玉性。这种玉性重整后，会出现极为温润的光泽，盘玩时间越长，沁入物顺着土门排泄越多，油润感越强，并出现“和尚光”现象。所谓的“和尚光”就像是光头和尚的头皮光感。

常说新玉越玩越“旧”，古玉越玩越“新”，指的是：新玉经过盘玩，经过氧化会在器表上出现包浆，给产生一种古旧感；古玉经过盘玩，由于人体上的弱脂、弱酸和温度的作用，玉质的内杂质会随着土门（玉质的毛孔）慢慢析出，玉性渐渐恢复，原先的那种脏旧感慢慢褪去，最后实现重整，宝光焕发。

玉龙佩与河南安阳殷墟妇好墓出土的龙形玉玦构件相同，纹饰一致。只不过，此佩呈直立卷尾状。此器工艺精致，年代久远，时代特征明确，具有重要的文物研究价值。

龙形玦（商代）

Carved jade dragon-shaped jue (Shang Dynasty)

径6.5cm×5.9cm 厚0.6cm

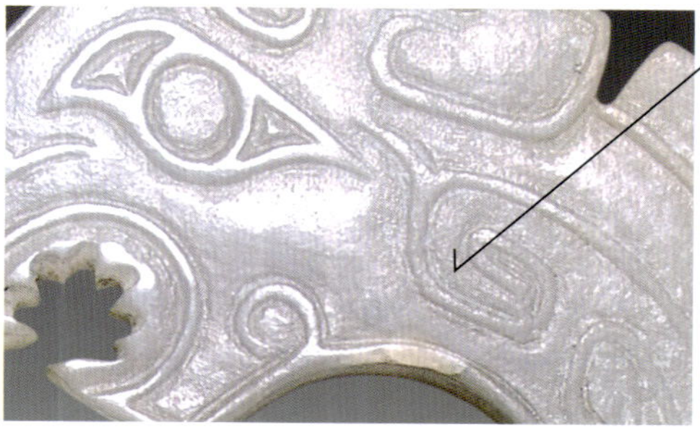

商代橘皮纹与战汉时期的明显不同，战汉玉器橘皮纹地子细，光感强，有时需用10倍镜才能观察到。商代大多数玉器抛光不细，地子上有特征明显的橘皮纹，这些痕迹立体感强，像溪边陈年的洗衣石，古意盎然，看似坑洼斑驳，抚之却十分平顺。

新石器时代中期以后，玉玦已从生产工具发展成为佩饰，形制渐成圆柱体、扁平状，有的演化成兽身形，如玉猪龙形玦等；商代玉玦演变成片状，通常使用双阴拟阳线，或剔地起阳的方式，在上面琢出纹饰，并琢出齿脊形态。

玦在商代中晚期普遍出现，有的一座墓中就出土很多，如1970年湖南省宁乡黄村王家坟山就出土64件；1976年，河南安阳妇好墓就出土玦和龙形玉玦18件，其中多件外形和大小与图中的这件龙形玦极为神似（**参考1**）。如今，此器形在民间收藏家手中也时有所见。

关于玉玦的用途说法，主要有5种：一是单纯的佩饰；二是信物，见玦表示他人与之断绝关系；三是象征佩带者果敢决断；四是作为刑罚标志，表明犯法者见玦不许还，如古代谪边罪臣，见天子赐玦，则无回归之望；五是用于射箭，使用时套在拇指上，用以钩弦。

此玦系用和田白玉琢制，玉质缜密，品相完好，包浆厚实，局部微受甘黄沁，沁门外小内大，沁色深入肌理，受沁处有晶状氧化灰皮。龙身剔地起阳琢流云纹、变形云纹，龙背呈齿脊状态，龙首琢“臣”字目，管钻琢孔为獠牙，凶悍传神。

此玦表面呈橘皮纹状态。古玉的橘皮纹一般为两种成因，分别为砣磨所致和地质因素所致。商代玉器的抛光不细，平面地子不及战国和汉代玉器平滑，可见解玉砂反复蹭磨的痕迹，地子上有特征明显的橘皮纹，这些痕迹立体感强，抚之却十分平顺。通过一些实物比对，笔者认为，商代玉器上的橘皮纹大多数为抛光形成。

至于地质因素，则可以这样理解，古玉入土后，由于坑内的环境会随时间的推移发生一些变化（比如地温、地湿、挤压等），所以玉器也会发生一些物理变化。其中较为重要的两点是：应力反应和钙化。正是基于这两点原因，有的玉器表面又会产生橘皮纹（又叫氧化突起）的特性。

橘皮纹的最大特征是：基于玉器表面为水平基础，高出平面一些突起而形成。侧光观察时最清楚，用手摸上去又不是很明显地能感觉出来。而用酸腐蚀出来的类似橘皮纹，则是在玉表以下凹下去形成，整体基于玉器表面以下，用手摸上去感觉很明显。这是真假古玉的又一最大区别。

参考文献1、《文物藏品定级标准图例·玉器卷》142页　文物出版社出版

玉凤（商代）

Carved jade phoenix(Shang Dynasty)

长7.4cm 厚0.5cm

拓片

妇好墓玉凤，可能是石家河时代的遗留物。

白玉质。玉质细腻，致密温润，包浆厚实，精光内蕴；器表呈橘皮纹抛光，光感油润肥厚；玉凤乍看整体无沁，然迎光细看，局部已发生纤维状、晶状解理，这是和田玉中透闪石-阳起石的晶体长期受地质环境影响所致。

商代大多数玉器抛光不细，地子上有特征明显的橘皮纹，这些痕迹立体感强，像溪边陈年的洗衣石，古意盎然，看似坑洼斑驳，抚之却十分平顺，图中此佩就是实物证据。商代橘皮纹与战汉时期的明显不同，战汉玉器橘皮纹地子细，光感强，有时需用10倍镜才能观察到。

玉凤在商代是否以独立的形态出现？这是考古界和收藏界争论不休的话题之一。目前，我们能见到的商代单体玉凤仅有一件，就是河南安阳妇好墓出土的玉凤（如图右）。该凤喙、眼、冠似鸡，短翅长尾，已基本具备了后世对凤“鸡头、燕喙、龟颈、龙形、鳞翼、鱼尾，其状如鹤，体备五色”的描绘。考古界认为，该凤与墓中其他鸟饰羽纹不同，却与新石器时代湖北石家河文化玉凤的羽纹、风格和琢磨手段完全相同。所以，这件作品在时间上有可能是石家河时代的遗留物。

文中玉凤作侧身回首欲飞状，凤体直立，尖喙下勾，头顶齿脊羽冠，身琢短翅、鱼尾，有不规则圆形管钻孔供佩系，此乃管钻多次起钻，定位出现偏差所致，商代玉器多有如此钻孔。主体以双阴拟阳法琢流云纹、弧线纹，线条流畅大方，在法度森严中见灵动。

此玉凤造型简洁大方，器形结构严谨而充满张力，不管从砣琢工艺，还是古旧程度，纹饰气质均符合商代中晚期禽类玉器特征，具有重要的学术价值。

斧形器（商代）

Carved jade axe（Shang Dynasty）
长11.1cm 刃宽3.5cm 厚0.4cm

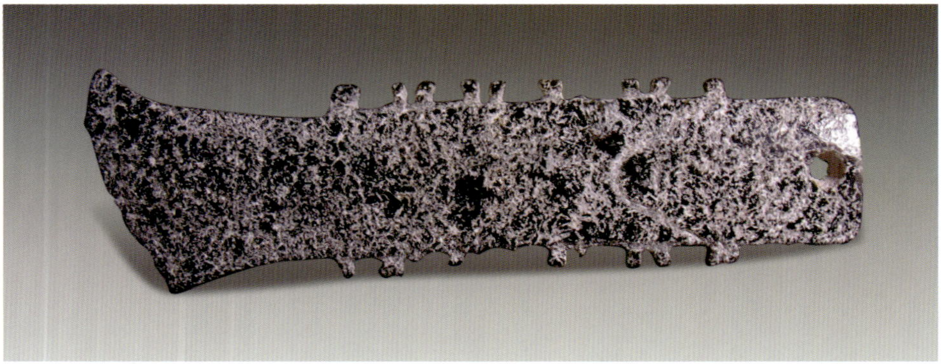

器表受侵蚀、风化。土蚀孔深浅不一，里面密集的白斑，仿佛一片雪花。

碧玉质，玉质细腻湿润，迎光处未见任何斑点杂质。资料记载，这种纯净无瑕的和田碧玉早在战汉时期已经绝产。如今的和田碧玉则以内含墨点的新疆玛纳斯碧玉为代表，“墨点”则成了衡量是否新疆碧玉的鉴定依据之一。

此器两侧出脊，造型古拙粗犷，斧身上部桯钻喇叭孔。玉质整体受侵蚀，边缘呈现自然解理和结晶状态，仿佛千年风沙吹过的雅丹地貌，让人备感苍凉，生坑特征明显。土蚀孔深浅不一，里面密集的氧化白斑，仿佛一片雪花。

玉鹦鹉佩（商代）

Carved jade pei-pendant in shape of a parrot (Shang Dynasty)
长 6.4cm 宽 2.6cm 厚 0.7cm

青玉质。玉质缜密古旧，部分已质变呈白色瓷化现象。器表橘皮纹抛光，有晶状灰皮析出，受沁严重；器身遍布细小的土蚀孔，孔径外小内大，深入肌理。

鹦鹉佩琢"臣"字目，尖喙内钩，头顶齿脊羽冠直抵背部，钝平短翅上扬，长尾内卷饰弧线纹，一爪与腹齐平饰雷纹。以玉作鹦鹉的佩饰，在商代较为典型，出土和传世都不少。器身为典型的商代橘皮纹抛光，采用剔地起阳法琢流云纹、弧线纹、雷纹等。此佩系商代晚期之作，用料精到，工艺精湛。

土蚀孔的孔径外小内大，深入肌理，沁色由内往外呈现，此为真品的重要特征。

白色瓷化现象

"折铁线"（折线纹）

双鹰佩（玉鹦鹉佩）（商代）

Carved jade pei-pendant in shape of two eagles（Shang Dynasty）

高 5.0cm 宽 5.6cm 厚 0.4cm

整体受铜绿沁蔓延，如鹦鹉之翠羽，名沁“鹦哥羽”便是这种色调。

商代特有的雕刻技法“折铁线”（折线纹）。

白玉质。玉质如脂似蜡，包浆厚实，手感润滑。器表橘皮纹抛光，整体受铜绿沁漫延，沁色浓淡相宜，过渡自然，如鹦鹉之翠羽，名沁‘鹦哥羽’便是这种色调。

此器与安阳妇好墓出土的商代晚期“鹦鹉纹玉调色盘”的上半部类似（参考1）。以玉作鹦鹉的佩饰，以及近似的纹饰在商代较多，至今流传下来的不少。双鹰佩亦称玉鹦鹉佩，尾部相连，有圆形青铜管钻孔，供佩系。鹦鹉双首相背，鹰勾喙，臣字目，头顶齿脊羽冠。器身为典型的商代橘皮纹抛光，采用剔地起阳法琢流云纹、变形云纹等。双鹰佩月料精到，沁色美丽。在3000多年的岁月长河中，仍能如此完整保存下来，殊属难得。

参考文献1、《中国古玉器图典》159页　文物出版社出版　古方著

玉琥(商代)

Carved jade tiger (Shang Dynasty)

长9.5cm 高3.5cm 厚1.5cm

长8.4cm 高3.7cm 厚1.6cm

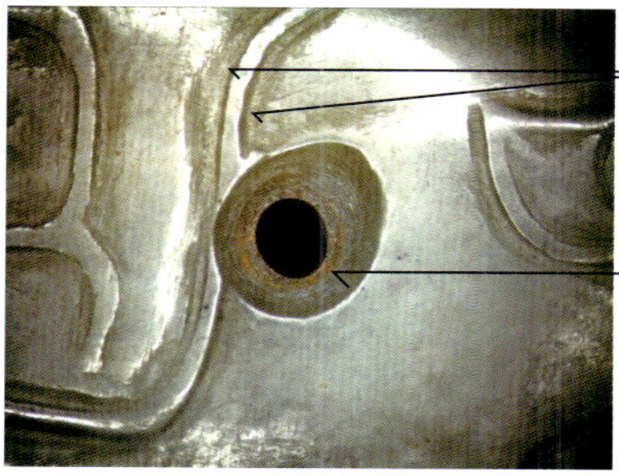

剔地起阳线

喇叭孔口呈不规则圆形，此为桯钻多次起钻错位所至。孔内有粗细不一，长短不一的螺纹，系青铜桯钻加解玉砂，反复研磨旋转的痕迹。

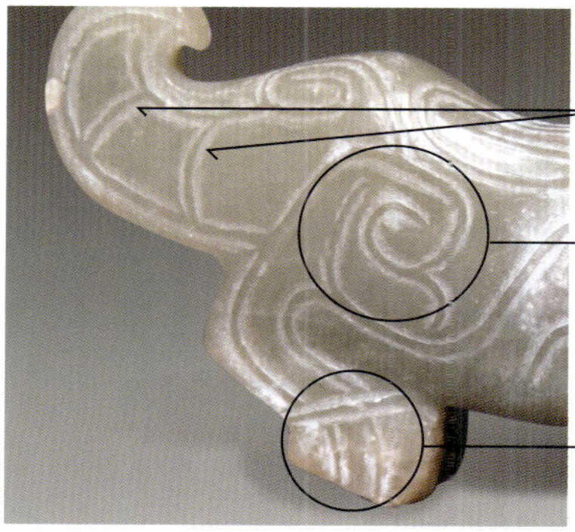

节状纹

流云纹

纹饰及脚必为商器

青黄玉质。玉质缜密，包浆十分厚实。3件玉器均微受土沁，玉质肌理有黑色芝麻点（又称煤芯点），此乃坑土中黑色矿物质所致。其中一件玉琥灰皮现象突出，系未经盘玩的生坑玉器，另两件久经传世盘玩，呈半熟坑状态。

笔者发现，3件玉琥与安阳殷墟妇好墓中出土的玉琥器形相似，风格、用料一致（参考1），这种青黄玉质为商代时期大量使用的一个特有的玉系，它具备和田玉质的特征，却在今天的和田三色系中找不到印证。反过来，我们认为，这可以从用料上为鉴定商代玉器提供一个依据。

玉琥一词最早见于把它作为“六器”之一的《周礼·春官·大宗伯》——“以白琥礼西方”。现在，我们无法证明古代礼器中的“琥”具体指已发现的那一类玉琥。考古最早发现的玉琥是良渚玉琮上的虎头图案，其后历朝均有圆雕或片雕虎形器出现，其中以商代居多。商代玉琥常为写实状，以妇好墓出土的8件为典型。

图中成对的两只玉琥与妇好墓出土的纹饰、形态几乎一致，均神态凶猛，以青铜管钻作锯齿状阔口，龇牙裂嘴；头大、尾长、腿短，作行走状，周身琢剔地起阳线纹，臣字目，琢勾云纹、节状纹，近耳处有喇叭孔，钻孔明显错位。商代不少玉雕动物饰勾云纹，其意是把动物视为可以升天，具有神秘力量的精灵。这是商代神玉文化的一种表现形式。

玉琥是礼器又是瑞器，3只玉琥用料精良，工艺精湛，品相完好，真品特征明显，极为珍贵。

参考文献1、《古玉鉴别》彩图部分 文物出版社出版 栾秉敖著

玉燕（商代）

Carved jade sparrow (Shang Dynasty)

长 4.3cm 翼展 4.0cm 厚 1.2cm

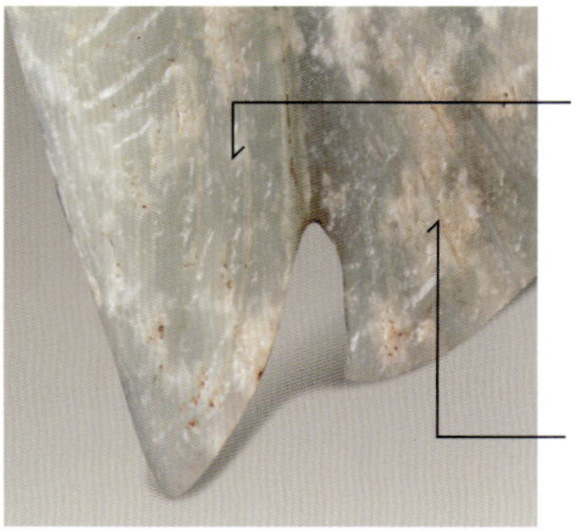

这种橘皮纹应由抛光和玉质受侵蚀双重因素生成。

受水沁、土沁影响产生的失水现象。

和田青黄玉质，玉质致密细腻，包浆厚实油润。器物整体受土沁影响，絮状饭糁由表及里深入玉质，沁入物过渡自然，土门孔清晰可辩。器表橘皮纹犹如雨打沙地，凹凸现象强烈，这种橘皮纹应由抛光和玉质受侵蚀双重因素构成。以上特征为真品的重要依据。

燕鸟双翅微展，呈“人字形”；头圆如球，尖喙下勾，颈部琢“山”字纹，背面采用剔地起阳手法琢云雷纹，几何纹。此器品相完好，造型精美，形制开门，具有重要收藏价值。

玉燕（商代）

Carved jade sparrow （Shang Dynasty）
长4.8cm 翼展7.6cm 厚1.8cm

阴线周边无崩裂，此为转速缓慢的砣轮琢刻，而非现代高速砂轮打磨。

200倍电子放大镜下，可见商代玉器抛光较粗，橘皮纹坑洼斑驳，凹凸感强，抚之却十分平顺。器表用解玉砂反复碾磨的痕迹明显，此为鉴定高古玉真伪的重要依据。

和田青玉质，玉质缜密温润，手感深沉，包浆厚实。器表呈橘皮纹抛光现象，器物整体受土沁，土门清晰；絮状饭糁（亦称"豆花沁"）由表及里深入玉质，沁入物过渡自然，层次分明，此为重要的真品特征。

玉燕展翅昂首作飞翔状，造型逼真，线条简约。管钻圆形眼，鸟喙微张，颈部有圆形青铜桯钻喇叭孔，供佩系，孔内有台痕和不规则螺旋纹。运用剔地起阳琢磨法，通体饰以云雷纹、几何纹，雕刻工艺严谨，一丝不苟，品相完好，具有重要收藏价值和文物价值。

鱼鹰形佩（商代）

Carved jade pei-pendant in shape of a fish hawk (Shang Dynasty)

长 6cm 宽 3.9cm 厚 0.5cm

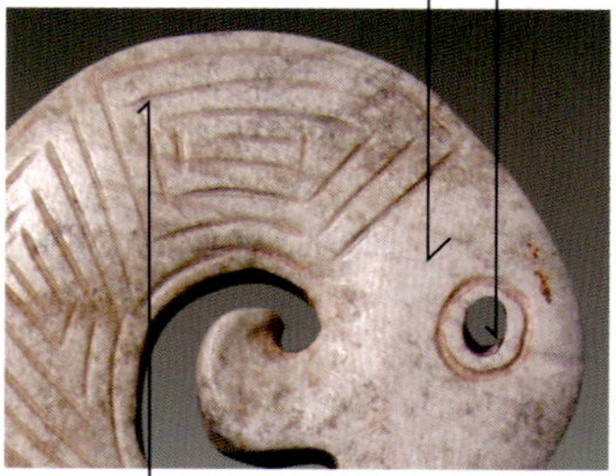

受满沁，玉质莫辨。钙化严重，俗称“鸡骨白”。古玉的鸡骨白现象是在埋葬中形成的，原因一般是地火或石灰温度形成。鸡骨白因其玉料和成因不同，一般分成“鱼肚白”和“象牙白”，命名由色泽而定。此佩虽然钙化，但开窗处玉质仍隐隐析出，器物表面温润灵动，颇似象牙色泽。

此鸟曰鸬鹚，也叫水老鸦、鱼鹰，身体比鸭狭长，飞行时直线前进，善潜水捕鱼。中国南方多饲养来帮助捕鱼。该鸟可驯养，我国古代就已驯养利用，为常见的笼养和散养鸟类。野生鸬鹚分布于全国各地，繁殖于东北、内蒙古、青海湖及新疆西部等地。鱼鹰形佩为商代晚期装饰用玉，鸟眼呈不规则椭圆形，可供佩系，此乃青铜管钻多次起钻出现偏差所致。

纹饰历来是古玉断代的重要依据，这件鱼鹰形佩通体饰阴线回纹、几何纹，阴刻线刚劲有力，商代特有的技法“折铁线”就如此佩所示。

玉雁（商代）

Carved jade wild goose (Shang Dynasty)
长 4.5cm 翼展 2.0cm 厚 0.7cm

开窗处为白玉质

白玉质，通体受褐色沁、灰白色沁，器表呈玻璃光包浆，开窗见地；局部成片状、毯状解理，已瓷化质变，真品特征突出。

商代晚期装饰用玉，与河南安阳市孝民屯南216号墓出土的雁形玉佩近似（参考1）。商代玉雕动物造型多样，形象生动，具有高度写实性、概略性与夸张手法等特点。此雁长颈、尖喙、浅浮雕圆眼，双翼轻敛，尾部开叉，造型准确，结构合理，符合力学标准，仿佛雁阵惊寒，蓝天翱翔；颈部有一个"V"形孔供穿线系佩。

大雁在古代是一种人性的寄托，是言情、思乡和咏志的象征。"问世间情为何物，直教人生死相许"，说的就是大雁，因为大雁一旦配偶死去，就不再相配。《归雁》是指思念家乡的人，杜甫写道："春来万里客，乱定几年回？肠断江城雁，高高向北飞。"古人认为大雁冬去春归，是很讲信用的，"信也"；大雁南飞的时候排成整齐的雁阵，是很有礼貌的，"礼也"；大雁晚上休息为免受其他动物伤害而放哨，"智也"；同伴受伤了，也不离弃，"义也"。大雁的种种象征，是否从商代开始？

此器虽简练，却传神。商代的禽类玉雕本来面世很少，此雁又是一件特殊器，因而弥足珍贵，具有重要的研究和收藏价值。

参考文献1、《中国古玉器图典》129页 文物出版社出版 古方著

三箍束腰勒（商代）

Carved jade lezi in shape of a three-hooped waist band (Shang Dynasty)

长 6.3cm 最宽 2.4cm

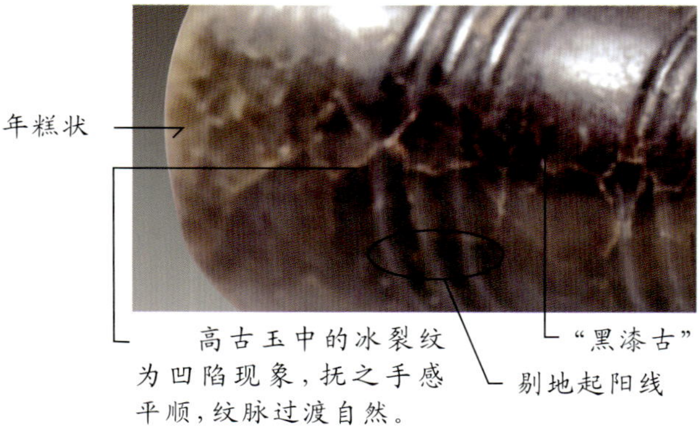

和田白玉质，玉质细腻温润，如脂似蜡。此勒通体受水银沁，呈现“黑漆古”、冰裂纹和年糕状现象，局部灰白色，开窗处可见白玉质。

有据可查的弦纹最早出现在红山文化玉中，商代的箍形器、璧形器中开始有了较多的使用。值得一提的是，在商代由于青铜砣具、解玉砂和管钻等工具的广泛应用，切割、琢磨、钻孔等技艺显得得心应手。这件器物外形精致，“三二三”弦纹采用商代常见的剔地起阳法，做工精良，堪称上品。此器呈对钻喇叭孔形，由于多次更换“钻头”定位偏差，孔内有明显的错位、留台。甚至，器物两端喇叭口的起钻就出现了偏差，这些工艺均符合商代晚期的制玉技术特征。

玉象（商代）

Carved jade elephant (Shang Dynasty)

长 6.0cm 高 2.8cm 宽 2.0cm

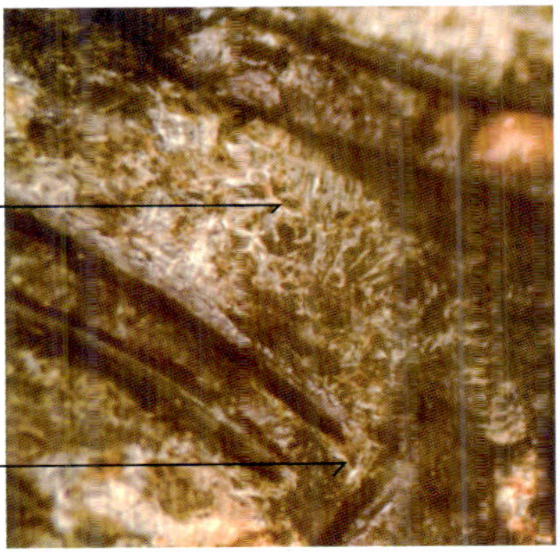

白玉质，通体受甘黄沁、铜绿沁，灰皮较重；全器呈现出坑特征，生坑状态。

此器与河南安阳殷墟妇好墓出土的玉象相似（**参考1**）。玉象身体肥大，昂首前视，作站立状，四肢粗短，长鼻上扬，鼻尖下卷成一圆孔。象嘴微张，“臣”字眼，小眼圆睁动态十足，椭圆形耳贴于颈。以双勾拟阳手法琢云纹、“人”字纹、几何纹等纹饰，象征象体的皮纹；象背琢有通天孔直抵腹部，上大下小，两端略呈喇叭孔，打钻不规整，孔口定位不规则，孔道有台痕和粗细不一的螺痕。

玉象造型写实，简洁大气。线条绮丽流畅，纹饰到达象脚。象脚有无纹饰，是鉴定商代或西周玉象的重要标准之一：有则商，无则周。

参考文献1、《中国古玉器图典》154页 文物出版社出版 古方著

西周 Western Zhou Dynasty

（前1046年～前771年）

(From 1046 B.C.To 771 B.C.)

西周是一个强盛的奴隶制国家。始于公元前1046年武王灭商，止于公元前770年周平王东迁。西周玉器是商代玉器成就的继往开来，西周崇玉的礼制化使得这一时期的玉器出现了空前的创新，并为从东周开始到封建社会玉器的道德理念，作了理论与思想准备，打下了坚实的物质基础。

一

“礼”是维系社会秩序并为王权服务的一个特定产物，一部《周礼》影响了中国三千年文化，在某种意义上为此后的中华文明奠定了基调。西周早期的礼器较多沿用商代的旧制，却对礼进行归纳总结，并实现了理论的升华。西周的礼器仍然围绕两方面内容，分别是朝庭用器和祭祀用器。周代的礼玉相当于封建社会中的“官符”和现代社会官员的工作证，按“周礼”要求，朝庭要任命官员时，必须发一件玉器为凭证，这块玉就叫“瑞”。

《周礼·春官·大宗伯》记载：“以玉作六瑞，以等邦国：王执镇圭，公执桓圭，侯执信圭，伯执躬圭，子执谷圭，男执蒲圭。”每逢朝会，诸侯臣子们要拿着自己的“瑞”上朝，面见君王。当然，君王也会拿着自己的“瑞”接见他们。《周礼·考工记》载：“镇圭尺有二寸，天子守之。命圭九寸，谓之桓圭，公守之。命圭七寸，谓之信圭，侯守之。命圭七寸，谓之躬圭，伯守之。天子执冒四寸，以朝诸侯。”天子所执的“冒”是与圭有关的玉器，方四寸，下部有三角形缺口，与圭的上端吻合，天子执此检验诸侯所执的圭，是否合符节。圭最终演变成为后来大臣上朝使用的笏板。

礼的另一项功能便是“娱神”，《周礼·春官·大宗伯》有记：“以玉作六器，以礼天、地、四方。以苍璧礼天，以黄琮礼地，以青圭礼东方，以赤璋礼南方，以白琥礼西方，以玄璜礼北方。”

二

迄今为止，考古界共发现2000多座西周墓，几乎每座墓都出土过玉器，周人尚玉由此可见一斑。遗憾的是，西周13位君王，至今没有发现一座周中央王庭的王陵（天子墓）。但从目前出土和传世的玉器上看，西周在玉材上仍保持商代用玉的特点，和田玉（透闪石质）是这个时代的主流玉料。在颜色选择上除了和田羊脂玉、白玉、黄玉、墨玉外，周人特别崇尚青白玉、青玉、碧玉，收藏界称之为“周青”。“周青”在出土和传世玉器中最为常见。

西周玉器业对和田玉的应用十分活跃，当朝特别重视和田玉质色纯净，表里如一，温润坚韧的特性和审美价值。不仅如此，独山玉、蛇纹石、绿松石、玛瑙、孔雀石等在西周也得到了较为普遍的使用。特别是红玛瑙珠饰，古人称之为“赤玉”，商以前红玛瑙比较少见，而在西周不管是出土还是传世均有较多数量。玛瑙原矿石绝大多数是黄色的，栾秉璈先生在《古玉鉴别》一书中认为，“当玛瑙含铁呈‘啤酒黄色’时，加温烧到300℃即可变为深红色。”现今的红玛瑙几乎全是啤酒黄玛瑙烧制而成的，他认为，因为自然界很难找到那么多的红玛瑙，所以至少在西周，工匠们已经掌握了玛瑙烧红技术（**参考1**）。

在中国玉器发展史中，西周的创新玉器较为突出，且数量多，造型独特。玉组佩的流行，不仅开拓装饰用玉的新形式，而且开了服饰文化的一代新风。玉组佩以严谨的排列组合，充分体现了社会与思想的秩序感，在复杂又平衡的格局中，体现了庄严感和艺术形式美。多物雕的出现，于严谨中突显浪漫情怀，最具典型的是人龙合体纹佩、二人首与三龙合体佩等。这些多物雕，在每个角度都能看到不同的形态，它们造型新异、奇妙，其文化内涵与龙神的人形化和周代敬拜龙神活动息息相关。

值得一提的是，西周初中期，玉制酒器非常之少。原因是，西周统治者在推翻商代的统治之后，吸取了商纣王“酒池肉林”等亡国教训，认为酒是大乱丧德，亡国的根源，并发布了我国最早的禁酒令《酒诰》。其中说到，不要经常饮酒，只有祭祀时，才能饮酒。对于那些聚众饮酒的人，抓起来杀掉。在这种情况下，西周初中期，酗酒的风气有所收敛。目前出土的西周器物中，酒器所占的比重减少就是一个证明。西周青铜重器大盂鼎上的铭文，就表明康王时大臣“盂”禁酒的决心。

西周的玉器分为早、中、晚三期。早期头几十年内，形制和制作工艺仍然沿袭商代旧制。直接的原因是，西周早期的玉器中有许多是直接从商朝贵族手中的掳获的，据记载西周武王灭商时，“俘商旧玉亿有百万”。清代王念孙《读书杂志》记载“凡武王俘商，得旧玉万四千”，这个数字较接近实际。另一方面，商纣王朝灭亡后，大量的商朝玉工沦为西周的奴隶。这些商代玉工成为西周早期制玉的中流砥柱，他们的琢玉手法和审美情趣影响了西周中后期玉器制作风格。

西周中晚期的琢玉风格清丽尔雅，回旋转折，卷曲流美，这些发展与变化，一扫商代玉器线条刚硬遗风，其纹饰、线纹的形式美，是中国玉器纹饰线形曲线美的真正发端，实现了玉器纹饰曲线美与和田玉温润美的审美品性的融合，在玉器造型与纹饰的处理上既多样变化，又整体统一，给人以爽利明快、潇洒飘逸的视觉效果，达到了三代（夏、商、周）玉器形式美的高峰。

西周玉器简评

一、琢玉工艺：1、西周玉器早期流行用双勾阴刻表现纹饰，玉器显得更细致流畅、时尚；时至中晚期，则开创了一面坡粗线与细阴线镂刻技术，这种斜刻新工艺手法的诞生，使琢工更精湛、细腻。西周中晚期玉器纹饰与商代完全不同，向繁复和图案化方面发展。多用双阴线勾撤法，弧线多、勾撤的坡度较大，纹饰弯化转变。以双钩垂直阴线为例，此时不再是两侧压地，而是一侧压地，另一侧保持为阴线，这一技法一改商朝玉器纹饰平面化的状态，赋予人层次感，让藏者在把玩的过程中感受到曲线的韵律。

2、西周玉器地子平整，抛光细腻，绝少出现商代的橘皮纹现象。相当一部分西周玉器出现玻璃光感，但这种光感较战国和汉代的玻璃光更为柔和、含蓄。

二、纹饰特征：西周玉器的线纹可分为二类，每类线纹又可分为二式：一类是单阴线纹，其线条简练、刀法刚劲有力，可再分为较细的阴线和较宽的阴线；二类是双阴线纹，线条繁复、转弯处呈弧形，刀法刚柔相济。此类同样可分为两式，一式为同宽双阴线，二式为由宽、窄两条阴线组成。凤鸟纹、多物雕是西周中晚期佩饰件上的主要装饰题材。

三、审美特征：西周宗法森严，玉器讲求对称、平衡、和谐、完美，重视对纹饰的布局、线条渐趋繁复、弯线条增多，较多地使用长弧线，弧线勾连、环线勾连等多种样式，变化出新、畅朗委婉，别出心裁。

参考文献1、《古玉鉴别》385页　文物出版社出版　栾秉璈 著

跪人背龙佩(西周)

Carved jade kneeling figure with a dragon on back (Western Zhou Dynasty)

高5.0cm 宽3.1cm 厚0.5cm

皮蛋沁和次生结晶现象,后者是古玉辨伪的重要依据。

白玉质,温润细腻,华光内蕴。通体受沁,呈现皮蛋色和虾子青两种色彩,龙头受沁严重,产生次生结晶现象,真品特征开门。

器形作一跪人背龙状,跪人戴船形帽,饰杏仁目,卷云耳,尖鼻上勾,嘴唇轻抿,下巴尖突;着短袍,双手后背,呈跪坐姿势。龙首后垂神情不胜娇羞,前肢搭于船形帽之上,后肢似人手,琢三趾,曲肘架在跪人后背,龙尾紧贴跪人后臀。跪人神情愉悦,小龙含羞受背,人龙合一,和谐共生。

此佩采用剔地起阳手法琢流线纹、云纹,打底抛光光洁,纹饰简洁清新,为西周佩饰精品,有重要收藏价值。

玉夔龙冠鹰佩（西周）

Carved jade pei-pendant in shape of an eagle with a kui-dragon-corona on head(Western Zhou Dynasty)

长 12cm 宽 4cm 厚 0.4cm

白玉质。质地温润，开窗见地，包浆厚实老到，器表抛光细腻，通体受紫色沁，沁色深入玉里，过渡自然有序。

玉鹰为器形主体，短翅分4束饰翎纹，长尾内卷，肢体后伸琢4爪；琢变形“臣”字目，云形耳，喙面如斧，下喙内勾；玉鹰昂首挺胸作侧身蹲踞状，背部和尾部线割出“丫”状纹饰。鹰首顶一曲体夔龙纹，夔龙头向下，龙嘴张开，龙尾上卷，龙饰蘑菇角，节状纹，龙背同样饰浮雕“丫”状纹，与玉鹰上的两处云纹一道分居一曲线上，错落有致，呼应自然。以玉夔龙作冠帽纹饰，系西周玉器的标准造型，多有所见（参考1）。全器以双阴拟阳手法琢皿纹、变形雷纹、弧线纹。

此佩品相完好，比例准确，造型颇具创意，为西周早期鹰形佩的精品。

参考文献1、《文物藏品定级标准图例·玉器卷》86页 文物出版社出版

玉冠鹰(西周)

Carved jade crowning eagle (Western Zhou Dynasty)

高7.5cm 宽2.1cm 深3.1cm

白玉质。温润熟旧,光感内敛。整体看似无沁,然迎光细看玉理已经发生变化,已变得漫漫散散,混混沌沌,通而不透;局部受赭红色沁,有轻微土格和灰皮;器表橘皮纹抛光,有的地方受侵蚀,表皮有剥落现象。

鹰作站立状,头顶变形龙冠,龙身有圆形管钻孔供穿系;鹰琢“臣”字目,平嘴尖喙,尖角卷云耳,短脖鼓胸,短翅饰双勾云纹,后敛略翘;尾部下垂及地,与双足呼应,形成一个稳定的三角形;鹰尾与足饰云纹,胸饰节状纹,整件器形纹饰精美流畅,造型和纹饰具有商代晚期玉器典型特征,但因其线条刚硬不足,圆滑有余,故断为西周。

神人纹柄形器（西周）

Carved handle-shaped jade-article of godman (Western Zhou Dynasty)

长 8.4cm 宽 2.3cm 厚 0.4cm

白玉质。玉质缜密细腻油润，迎光通而不透。器形局部微受赭色沁，受沁部分轻微瓷化。

柄形器以其形状似柄而得名，流行于商周时期。西周柄形器制作承袭商代，但比商代更加精美、小巧。关于柄形器的用途大致有三种说法，一是商周时代贵族显示身份，佩带于腰间的佩饰物；二是“可能是商周时期的人为纪念祖先亡灵所改制的一种高级的祭祀礼仪器（灵牌）”（尤仁德《古代玉器通论》）；三是至今不为我们所知特殊用途。从目前出土的情况看，柄形器用料均十分精良，基本排除它作为丧葬用玉的可能。

此器琢工精良，用拉丝切割工艺勾勒出神人外形，齿脊羽冠，以及鼻、嘴、羽毛等。耳朵处有桯钻喇叭孔，可供系挂，孔内可见疏密不一，粗细不一的旋痕，器身用一面坡工艺砣琢出云纹、花草纹。表面抛光痕有凹坑，及粗细不一的无规则短阴线，真品特征明显，为西周早期柄形器中的精品。

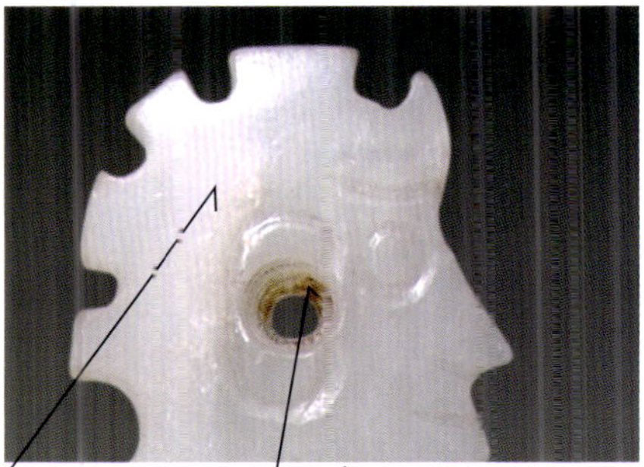

玉质受沁轻度白化现象

单面桯钻。粗细不一的螺旋痕迹

玉鱼（西周）

Carved jade fish (Western Zhou Dynasty)

长6.7cm 宽2.1cm 厚0.5cm

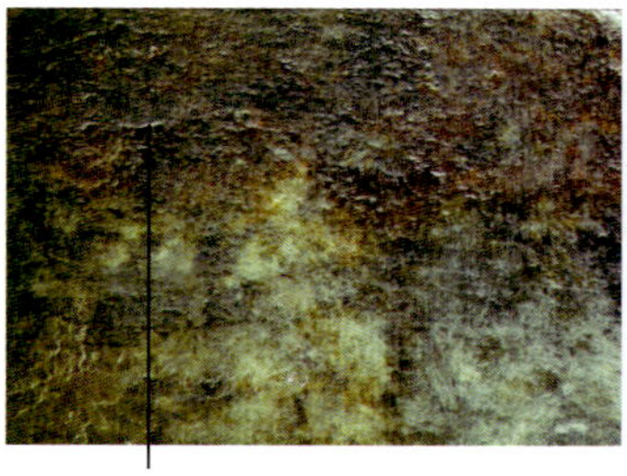

“隆包”是由地质因素形成的，系玉器表面入土而出现的增生物。此为鉴别出土玉器的重要依据。

砣轮加解玉砂反复碾磨的痕迹

用解玉砂加砣轮琢出的平行短阴线，两头细中间宽，两头浅中间深。

用解玉砂反复琢出的一面坡加阴线工艺。

碧玉质，致密温润。器表有朱砂附着物，暗红色沁斑深入肌理；开窗见地，局部有次生结晶现象，玉质产生质变呈片状分布，如云如絮。

玉鱼背部呈弧形，腹部略平，当是因料施工，利用切割所剩的片状玉料制作所致，这种现象在西周玉鱼制作中非常普遍。此器形制具有鲜明的西周风格，玉鱼嘴部作钉子形，其后有一个两面对钻的系带孔，鱼眼以砣具琢出。鱼头和鱼身之间以一道弧形宽阴线区分，鱼身上各用平行短阴线刻划出背鳍和腹鳍，并以一面坡斜刀法突出立体感。玉鱼尾部略翘，并分为两歧。

此器工艺简练，寥寥数刀，却形神兼备。该玉鱼时代特征明确，类似器形多有所见（**参考1**），具有重要的文物研究价值。

参考文献《弖国玉器》321页文物出版社　北京大学震旦古文明研究中心等编著

鱼形龙纹玉璜（西周）

Carved jade "huang" in shape of fish with dragon pattern(Western Zhou Dynasty)

长10.6cm 宽2.4cm 厚0.4cm

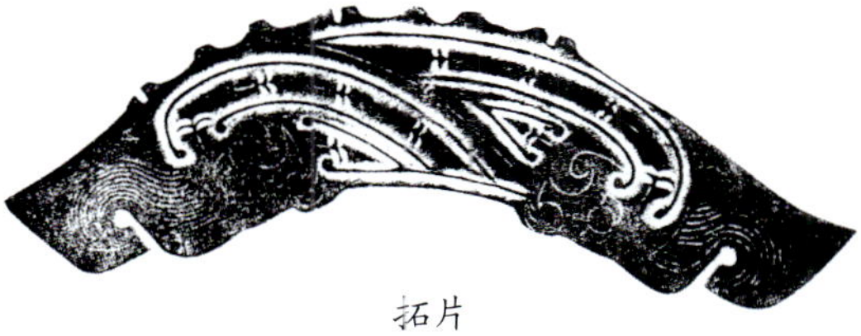

拓片

局部电子放大

双阴线勾撤法琢出的弧线纹，勾撤的坡度较大。这种弧线纹时尚、流畅，盛行于西周中晚期。

西周玉器地子打磨光滑

阴刻线顺势断续连接的痕迹，此为典型的“以直取弯”砣轮制作工艺。

碧玉质，质地致密莹润，油脂感强。受黄色沁，沁色深入肌理，各沁层过度自然。黑色芝麻点散布玉质内部，此非沁色所致，应是碧玉本身质地使然。

周南泉先生认为，璜在石器时代是取火用的火镰，古人出于对火的崇拜立为礼器。另一种说法，原始渔猎时代，璜的造型就是摹仿鱼的外形。考古学家发现，同期出土的彩陶上，绘有大量抽象和具象的鱼纹。玉器和陶器同时发展，二者互相参照，极有可能。从某种方面讲，这件西周鱼形璜就是一个印证。此璜为双龙首造型，背琢齿脊，两头相同各饰阴刻“臣”字目，嘴部有圆形钻孔，可供佩系。龙身以双勾法琢出流畅的弧线纹，纹饰精美简洁，充满西周玉器特有的张力。

鱼形璜存世极少，工艺精美，抛光细腻，具有极高的收藏价值。

龙形璜（西周）

Carved jade dragon-shaped "huang"(Western Zhou Dynasty)

长9.6cm 宽1.7cm-2.6cm 厚0.4cm

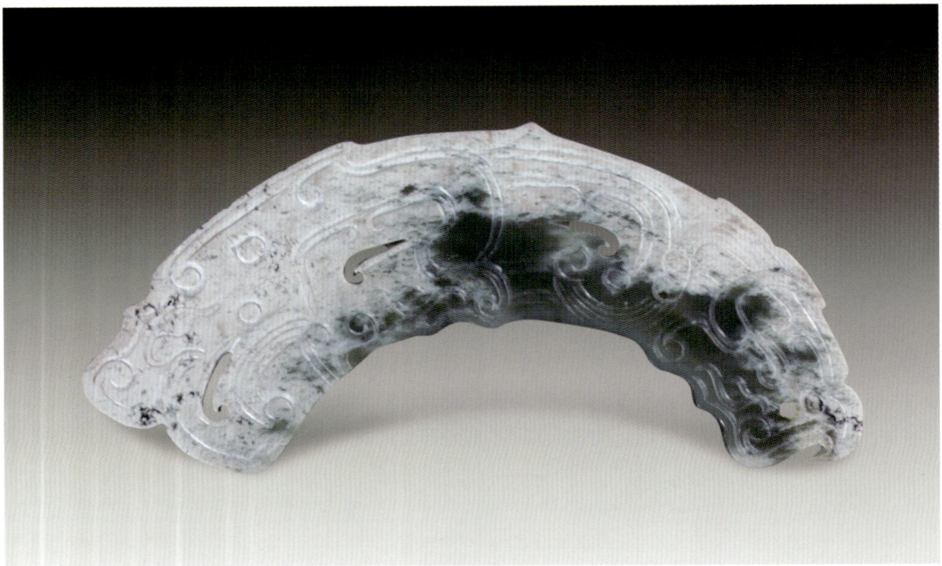

拓片

碧玉质。玉质精良，温润缜密，受石灰沁，呈现鸡骨白现象，伴有黑色次生物；沁色深入肌理，渐变自然，如丝如絮，开窗处迎光通透。鸡骨白古玉器的器表看似干涩，然在放大镜下却精光内敛，油润可鉴，这是辨伪的重要依据。

璜为龙造型，背琢凸状脊，龙头大龙尾细，采用粗细阴线相结合的坡刀法琢云纹、龙纹和变形鸟纹。龙首琢卷云鼻，变形滴水目，龙身有3处线割勾状镂空，转折处薄如蝉翼。此器线条流畅，刀法娴熟，造型优美，为典型的西周开门玉器。

双龙首璜（西周）

Carved jade "huang" with double-dragon-headed design (Western Zhou Dynasty)

长 12.5cm 宽 2.7cm 厚 0.5cm

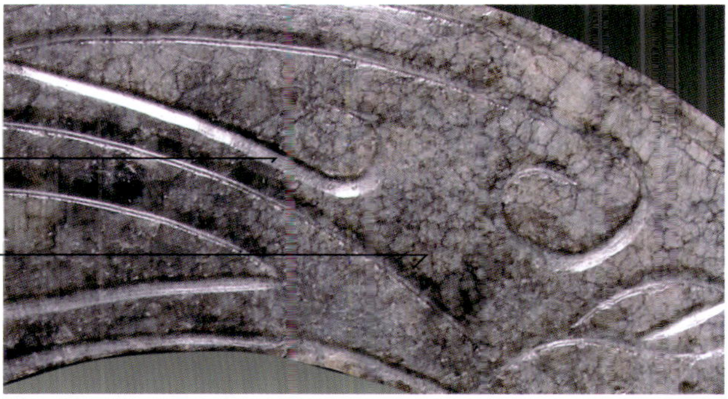

一面坡斜刻工艺，亦称坡刀法。

真品冰裂纹开片自然，手感顺滑，冰裂纹脉呈凹陷状态。

和田白玉质，玉质细腻温润，如脂似蜡。此璜通体受水银沁，呈现“黑漆古”和冰裂纹状态，局部灰白色，开窗处可见白玉质。真品冰裂纹开片自然，手感顺滑，冰裂线呈凹陷状态；坊间造假的冰裂纹，一般让玉器加热或火烧后骤然冷却，此“冰裂纹”走向无序，抚之刺手。

综观我国古玉发展史，作为礼器之一的璜在“六器”中占据重要位置，《周礼》“以玄璜礼北方”便是明证。

商周宗法森严，表现在制玉上同样法度严谨，一丝不苟。西周的玉器偏重于玩赏，早期沿用商代的形制、纹饰，到了中晚期才有所变化。其中，弯形线条，一面坡工艺是鉴定周器的一个重要特征。这件双龙首玉璜一面坡手法，大气酣畅，绝无迟疑，是难得的精品。

龙纹瑗（西周）

Carved jade "yuan" with dragon design (Western Zhou Dynasty)

径 10.5cm 宽 2.3cm 厚 0.3cm

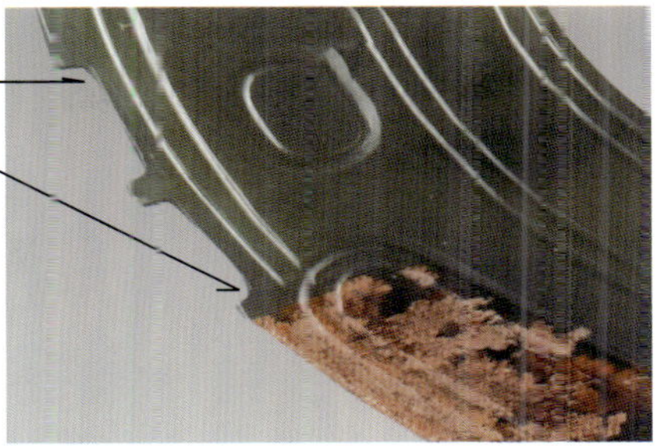

“山”字纹，西周玉瑗常有此纹饰。

受赭色沁，沁色深入玉质肌理，层次分明，真品特征开门。

西周玉器地子打磨光滑

碧玉质。玉质温润致密，包浆厚实老到；受赭色沁，沁色深入玉理，层次分明，10倍镜下入沁土门清晰可见，土门孔呈晶状解理，外小内大，过渡自然，真品特征昭然。商、周仍处于青铜时代，但较之商代，西周玉器表面的抛光度和线条的流畅性都胜出一筹，此瑗抛光精致，线条酣畅大气就是一个明证。

中国古代最早的释义词典《尔雅》是这样解释璧、瑗、环的区别：“肉倍好谓之璧，好倍肉谓之瑗，肉好若一谓之环”。“肉”即内缘与外缘之间的环形实体，“好”即内孔直径。“好倍肉谓之瑗”意思是，内孔直径是实体宽度的两倍，实际上所谓的倍数只是约数而已。

西周时期的玉瑗纹饰流行坡刀阴线凤鸟纹、龙纹等，瑗体精美小巧，极具收藏价值。由于宗法礼制森严，此期玉瑗形制较为统一，制作规整，多呈薄片状，厚度在0.3—0.4厘米之间。

此器为西周中期的装饰用玉，与陕西扶风县召陈村村西周遗址出土的龙纹玉瑗，形制相同，尺寸若一（**参考1**）。环外沿有3个凹形和2个“山”字形缺口。采用一面坡工艺琢出两条首尾相连的龙纹，龙椭圆形目，张口卷唇、翘鼻，腹琢一肢一足，头项“八”字形角，线条行云流水，严谨而有气度。这件龙纹瑗堪称西周同类玉器的标准器，它诞生至今近3000年，历经朝代更迭，风雨沧桑，而能完好保存下来，实乃天地造化。

参考文献1、《中国古玉器图典》120页 文物出版社出版 古方著

龙纹玦(西周)

Carved jade jue with dragon design (Western Zhou Dynasty)

径 6.9cm 厚 0.4cm

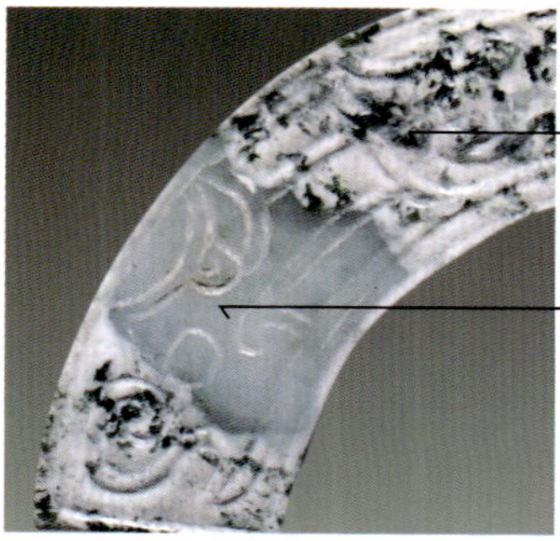

受铜绿沁和石灰沁双重影响，器表已质变钙化。

开窗处能见白玉质

拓片

白玉质，致密坚硬，呈玻璃光现象。高古玉中的玻璃光或由抛光，或由地质现象产生的，有时则由双重因素共同产生的，这种光泽柔和古旧，光感含蓄，不似新玉的“贼光”刺目。此块受石灰和铜绿双重影响，器表光泽幽亮，沁色深入玉质肌理，白如乳胶，绿如水藻，色彩交融渲染，恰似一幅水墨画。10倍镜下发现，沁门周边已钙化，有晶状物析出，生坑特征明显。

此器为西周中晚期装饰用玉，采用双阴拟阳工艺琢出同体双龙首龙纹，龙饰椭圆形目，张口卷唇，卷云鼻，头顶“八”字形角，线条犹如行云流水，法度严谨有序，纹饰似是而非，器形小中见大，为西周琢玉精品之作。

青玉象（西周）

Carved spinach-Green jade elephant (Western Zhou Dynasty)

长 7.5cm 厚 2.8cm 高 4.2cm

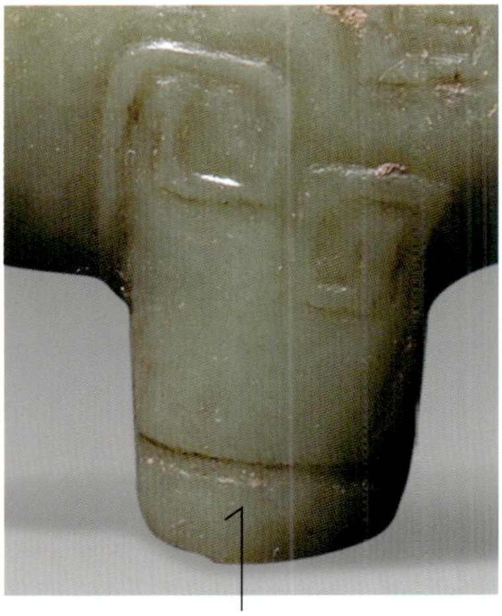

象脚没有纹饰，应断为西周器形。　器表油润，此系“油坑品”。 —— 钉金沁

青玉质，玉质坚硬致密，包浆油润厚实，系高古玉器中所称的“油坑品”。器物上“油”来自坑中的油质品，或坑土位于石油层附近所致。局部有土沁，有的深入肌理，成云絮状变化，俗称“云片”；有的星星点点，仿佛铁钉钻击留下的痕迹，俗称“钉金沁”。部分“钉金”处出现土门点或土蚀斑，俗称“土咬孔”或“虫咬孔”，孔口外小内大，土蚀沁渗入玉理，渐渐扩大。此为鉴定高古玉真伪的重要依据。

象作站立状，四肢短粗，刚健有力，三角形尾下垂，紧贴臀部。玉象身体肥大，昂首前视，象嘴微张，象鼻上卷。变形“臣”字眼，小眼圆睁动态十足。身体两侧采用双勾拟阳琢出变形云纹，背琢3处“D”形纹。玉象造型写实，简洁大气。曾有专家认为，此象应商代之作。其实不然，此象虽与一些商代“标准器”接近，但象腿没有纹饰，且主体纹饰不及商代刚劲，没有商代特有“折铁线”风格，故断为西周器型较为合理。

西周崇尚青玉，收藏界称之为“周青”。此器又是一个佐证。

玉狗（西周）

Carved jade dog (Western Zhou Dynasty)

长7.9cm 高2.7cm 厚1.1cm

白玉质，玉质致密油润，光泽幽亮。受甘黄土沁，沁色深入肌理，过渡自然有序，器表有浆状灰皮，器身有解玉砂打磨的凹陷坑，特征开门。

狗作屈膝昂首爬行状，阴刻杏仁目，身材修长，双耳上竖，尾部呈团状上卷。器身以坡刀法琢皿纹、流线纹、皮斑纹，尾部饰节状纹，亦称连弧纹；嘴部有青铜管钻孔，代表牙齿。此器刀法爽劲，器形完整，用料精良，造型生动。西周玉狗较为罕见，弥足珍贵。

圆雕玉玄鸟（西周）一对

A Pair of Carved jade altorelievo birds (Western Zhou Dynasty)

长7.5cm 高4.6cm 厚1.8cm（红）

长7.4cm 高4.4cm 厚1.9cm（白）

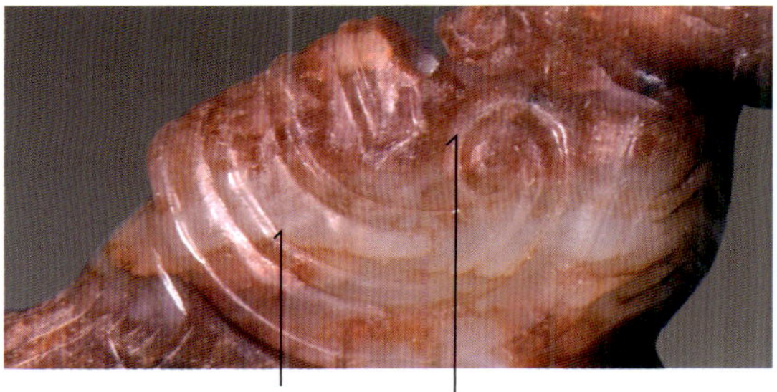

开窗处能见白玉质。

赭红色铁质沁，沁色过自然。

通体受沁，呈现轻度白化现象。

白玉质。一只受赭红色铁质沁，沁色深入肌理，过渡有序，开窗处能见白玉质，种头极佳；一只通体受沁，玉质轻度白化，呈现解理状态，有晶状物析出。

玉鸟在新石器时代就已大量出现，大多数的鸟类都能在这个时代找到具象或抽象的实物印证。进入三代，对鸟的崇拜首推商人，《商颂》称玄鸟降而生商，把鸟的地位推到了极致。商人所谓的玄鸟有指燕、凤、鸮鸟、鹦鹉等充满图腾化，但至今尚无定论。西周的玄鸟一方面延续商代玄鸟的小型化、图腾化特点，另一方面糅合了更多鸟类的元素，以浮雕和片雕为主。

玄鸟前足左右分开，尾翼拖地，形成一个三角形着力点。玄鸟头顶齿脊羽冠，圆脑圆眼，尖喙下勾，像在静憩。两鸟背腹之间均有通天孔，孔径呈不规则圆形和椭圆形，孔内有错位台痕；双眼均用勾砣断续琢出，而非用当时常见的管钻一次性琢成。器身琢流云纹、方角云纹，红鸟纹饰采用剔地起阳手法，白鸟运用双勾拟阳法。两鸟一红一白，一阴一阳，和谐吉祥。

玉琥（西周）

Carved jade tiger (Western Zhou Dynasty)

长6cm 高2.7cm 宽2.1cm

剔地起阳线，亦称减地隐起阳线。

青玉质，玉质缜密温润，包浆厚实。器物局部受赭褐色铁质沁，以及黑色的“水银沁”沁色由表及理，沁入玉质。受黑色重金属浸渍部分发生萎缩凹陷现象，此为重要的真品特征。

西周崇尚青玉，出土器物不少取材于青玉，收藏界称之为“周青”。此器饰以“臣”字目，通体饰云纹、云雷纹，雕刻工艺严谨，一丝不苟。值得一提的是，此琥背部的“V”形孔直径居然不到0.1厘米，诚为巧夺天工。西周玉琥一般以片雕形式出现，以圆雕出现的弥足珍贵。

宽柄器玉人圭佩（西周）

Carved jade figure handle-shaped "gui" and pendant (Western Zhou Dynasty)

长 6.9cm 宽 2.2cm 厚 0.8cm

背面

拓片

受地质因素如温差、冷热、挤压形成的自然绺裂，称为“土格”。这种“土格”走向自然，看似明显，抚之无痕。盘玩熟透之后，裂格自然愈合。

灰皮如浆似酪

受黄色沁，伴随解理和次生结晶现象。

碧玉质，迎光透绿，玉质温润细密。器表灰皮浓厚，局部受黄色沁，伴随解理质变现象，生坑特征明显。

此器主体呈圭形，正面采用双钩法琢一戴冠帽，腰插柄形器，作跽坐状的玉人。玉人长脸尖颔，蚕眉凤眼卷云耳，气质高贵，貌似官家之人；人首上方4朵云纹组成一个变形“出”字；人体饰以云雷纹，流线纹。圭的背面用双钩法琢出3个金文“出九府”。“九府”是西周朝庭掌管财政的9个官署，相当于今天的财政部。《汉书·食货志》颜师古注：“《周官》太府、玉府、内府、外府、泉府、天府、职内、职金、职币，皆掌财币之官，故云九府。”如此看来，此佩应为西周“财政部”官员出入“九府”的铭牌。

宽柄器玉人圭佩的纹饰、砣碾手法为商末周初的典型风格，结合文字内容，初步断代为西周。此器为了解西周政治、经济结构，研究古代文化及书法，提供了实物依据，具有重要的文物和收藏价值。

铭文人首玉圭（西周）

Carved jade "gui" in shape of a human head with Inscription (Western Zhou Dynasty)

长 7.1cm 最宽 2.2cm 厚 1.3cm

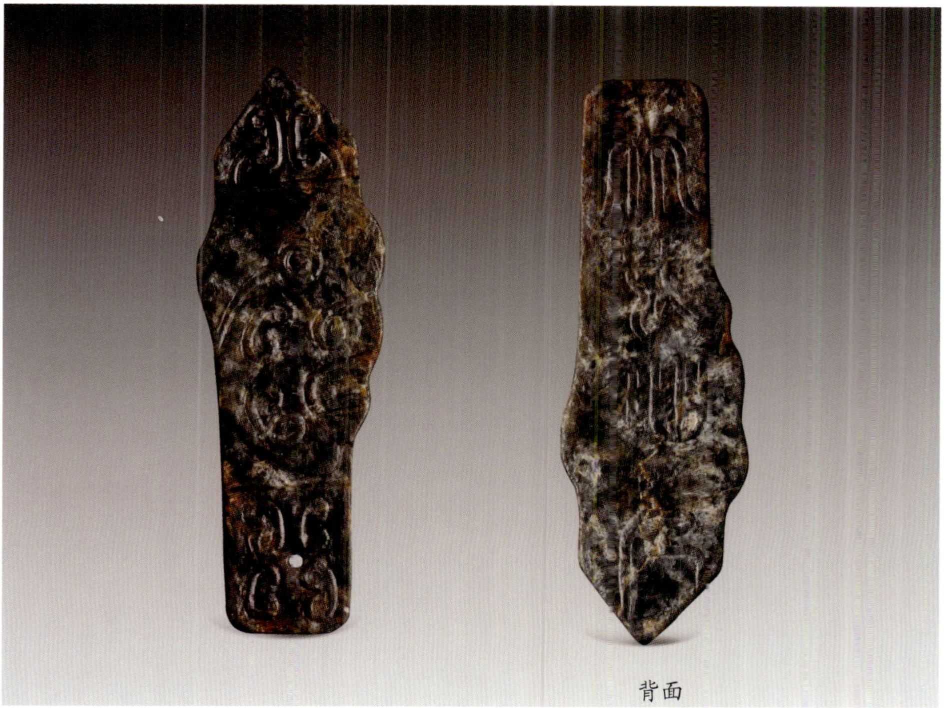

背面

此圭为碧玉质，西周崇尚青玉、碧玉，人们称之为"周青"。此器为"人首圭"，其正面采用剔地起阳手法琢磨出云纹、圆圈纹、人首形，人首上方是变形人纹（像两位裸女靠背而坐）。

圭的背面阳刻4个字：大哉坤元。这4个字为大篆（金文、甲骨文均属大篆范畴）。大篆起于西周，此器的纹饰、砣碾手法为商末周初的典型风格，因此断代为西周。"大哉坤元"可能引自《易经》中的"大哉乾元！至哉坤元！万物资生，乃顺承天。"意思是："蓬勃盛大的乾元之气是万物创始化生的动力之源，这种强劲有力，生生不息的动力之源是统贯于整个天道运行过程之中的。"乾元是天，坤元为地，大哉坤元，直译意思是："地啊，非常之博大！"

人首圭为生坑玉器，呈现满沁状态，受水沁、铁质沁浸蚀，到手时器表布满浆状灰皮如流云似奶油。该藏友平常贴肉佩带，并盘玩了两个月，灰皮渐失，如脂似蜡，开窗处可见青玉质。

人首圭的可贵之处在其背后的铭文，高古玉器中，有铭文的相当之少，在商周时期更是少之又少。此器在研究古代文化及书法上，确有可鉴之处。

凤鸟纹佩（西周）

Carved jade pei-pendant with phoenix design (Western Zhou Dynasty)

长 6.2cm 宽 4.3cm 厚 0.4cm

拓片

和田白玉质，通体受灰黄色水沁，器表覆盖白色浆状灰皮，饭糁浸入肌理，开窗处能见白玉质，生坑特征明显。

西周制玉，在雕琢技艺上基本沿袭商代后期风格，从总体上看有简单化趋向，器物多为片雕。凤纹是西周独创，为最具代表性的纹饰（**参考1**），为西周中晚期佩饰物的主要装饰题材。此件凤纹佩刀法利索，造型别致，系标准器形，殊属难得。

参考文献1、《文物藏品定级标准图例·玉器卷》86页 文物出版社出版

龙人纹镂雕佩（西周）

Carved jade pei-pendant with dragon-and-human in openwork (Western Zhou Dynasty)

长 9.4cm 宽 6.3cm 厚 0.3cm

青铜桯钻的台痕，这是先人的生产力水平留下了时代特征和印记。

玉质受地质环境影响，产生片状解理。

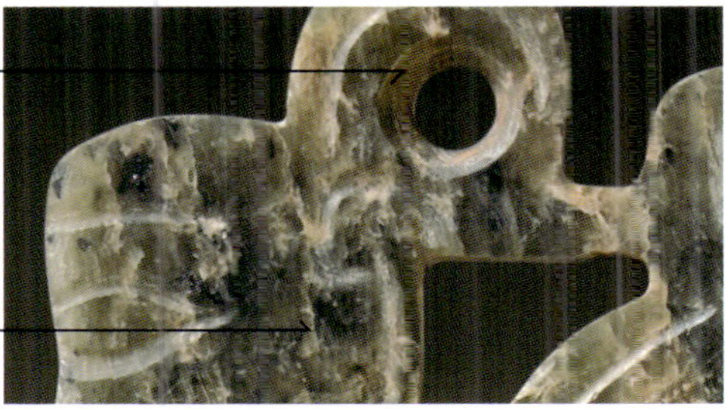

和田碧玉质，玉质缜密致坚，微受土沁，品相完好。

人神合一类的玉器，起源于红山文化，商周时期常见，春秋战国渐少，偶尔出现也是仿商周风格，汉代以后几乎不再出现。这是“人神合一”类高古玉断代的一个重要依据。

此佩采用西周典型的“一面坡”砣碾手法，大气磅礴。龙嘴双面打孔，尽管器身厚仅0.3厘米，却有桯钻留下的台痕，这是先人的生产力水平留下的印记。人身至龙首有一道斜线，老一代的收藏家称之为“汉渡”。战汉时期的不少片状器形均出现过此线，这是古代玉工在开片取料中“不小心”留下的拉锯线。拉锯线出现的时间远早于战汉时期，就像先人们把古玉的蚀斑统称为“唐烂斑”一样。

坊间还有一种传说，拉锯线是陪葬品的标志，是明器。古人深知自己入土后不可能长久“为安”，于是在无奈中作此记号。

春 秋 Spring and Autumn Period

（前770年～前476年）

（From 770 B.C. to 476 B.C.）

一

春秋是东周的前期，因孔子编撰《春秋》而得名。西周后期，王室衰微，到了春秋已经“礼崩乐坏”了。诸侯方国各怀政治野心与东周王朝分庭抗礼，战争不断，割据称霸不休。这个时期是奴隶制社会向封建社会急剧转变的时期，社会变革和人们思想解放促进了社会生产力的极大发展。尤其是玉器的生产制作，是继西周以后的又一个发展高峰。

进入了封建社会，人性的觉醒超越了对神的崇拜。玉器从商周以祭天地、敬鬼神宗法森严的礼器为主，走向春秋时期为人服务的实用器层面上来，并被赋予强烈的人格化色彩，审美意识从早期的“娱神”，逐渐转移到“娱人”。以孔子为代表新兴地主阶级和诸子百家大力提倡“君子比德于玉焉，温润而泽仁也”（《礼记．聘义》），以及“君子无故，玉不去身”，将玉的自然属性上升到社会品德，以“仁、义、礼、智、信”赋玉于道德的文化内涵。儒家认为，玉既是完美天赋的象征，那么人就应该依照它的属性来完善、规范自我的道德品格和思想修养。

春秋玉器在中国玉器发展史中占有极为重要的位置，它一改商周玉器森严、简单拙朴的风格，创造了大量全新的造型、纹饰。可以说，每一个器形都是先民留给我们的特殊符号，每一种纹饰都有其特殊的意义。然而，直到今天，在古玉的鉴定和研究领域，仍不少人习惯地把春秋与战国时期的玉器，合并称为春秋战国玉作风格。事实上，经过比对、研究发现，春秋、战国玉器不管在工艺、纹饰，还是器形风格等方面，都是界限分明，风格大相径庭。

二

尤仁德先生在《古代玉器通论》一书中指出：“春秋玉器的分期只是探讨性的，因为，它的分期研究尚缺乏历史学与考古类型学相结合的广泛资料依据，故而，其排比较困难”。高大伦先生也认为，自春秋时期开始，各诸侯国文化迅速崛起，形成了楚文化圈、晋文化圈、齐鲁文化圈、秦文化圈、吴越文化圈、燕文化圈，各个文化圈有其不同的风格，出土也较为分散，因此给分期带来难度。尽管如此，我们仍能大致总结出春秋玉器早、中、晚三期的时代风格。

春秋早期的玉器基本上沿袭西周的形制和琢玉工艺，早期仍善用双阴线来刻划图纹，在装饰上则进一步强化了西周晚期出现的作品，即在某一造型内雕琢单一的或相互交缠同体的龙纹图样，从而使细小变形且纠集在一起的众多龙纹，经常出现在主体造型内，其布局繁密，几乎不留余地。如河南光山县黄君孟夫妇墓出土的玉虎，其造型为扁平体的虎形，低首拱背，曲肢卷尾。虽说此虎神态有些呆板，不具太强的动感，但虎身上的装饰却格外引人注目。它除了在腹部、腮部、双肢刻有少许几何纹外，通体饰满变形的龙纹，上下交错，左右呼应。这种独特的双阴线工艺及“形中有形”的装饰手法，在春秋早期玉器中极为流行，可谓春秋早期玉器的一大特色。

春秋中期以后，这种繁密的阴刻装饰线纹逐渐变得稀疏，并多以较宽的斜刀进行雕琢。到了晚期，线刻工艺逐渐减少，代之而兴的是去地隐起的浅浮雕技法的盛行。如山西太原金胜村晋卿赵氏墓出土的玉璜、玉佩等，不但工艺精细，琢磨光润，而且由于采用了浅浮雕的工艺技法和更加抽象简化的龙纹图案，所以使繁密的画面，通过高低起伏和有序的布局，更富有一种寓意深远的立体效果，增加了神秘色彩。

在春秋时期流行的寄生于造型内的繁密且抽象的龙纹装饰，随着人们审美意识和观念的改变，已不再是主流纹饰，并逐渐走向消亡。春秋晚期至战国早期盛行的夔龙纹眼睛退化，解体成云、谷相杂纹，渐渐发展为谷纹、蒲纹、乳钉纹等工整规律的几何纹样。同时，纹饰开始从对称向不对称转变。可以看出，战国玉器中常见的云纹、谷纹是由春秋时的龙纹演变而来。有专家认为，“春秋玉器画面上盛行装饰的繁密细小的龙纹图样，在战国时已不可出现(特别是在战国中期以后)。尽管目前战国墓中仍有类似玉器出土，它应是春秋时期，或战国早期的遗物。”

这个理论并不能成为绝对。笔者认为，高古玉的研究，绝不是一门“1+1=2”的学问。比如，喇叭孔工艺是商周玉器的特征之一，喇叭孔难道不可能出现在战汉时期？殊不知下可仿上。高古玉鉴定最重要的是痕迹学，每个时代的工艺特征却是不能造仿的。笔者在收藏过程中，或在其他藏家手中见过战国中后期至汉代少数玉器仍然采用变形龙纹，寄生肢解龙纹的器形。

春秋玉器简评

春秋战国玉器在500多年的发展变化中日益进步，并在各个阶段中呈现出了不同的艺术风貌。

一、琢玉工艺：在制作工艺上，春秋玉器无论是造型、线条还是碾磨均显得较为浑圆，平面多有坡角。这个时期的玉器注重表面抛光，地子通常较为粗糙，特别是春秋晚期玉器有时表面比地子亮。不似战汉时期的片雕玉器，地子一般比表面明亮。西周中晚期出现的“一面坡”琢玉手法，在春秋早期演变为更为大胆爽快的“大斜刀法”。

春秋玉器上的钻孔，多为两头略大，孔壁较小的喇叭孔。圆雕作品大量使用“通天孔”，口沿略呈喇叭形。10倍镜下能见孔壁有不均匀的螺旋纹，旋纹宽窄不一，精细有异。口沿和孔道有台痕，这是青铜管钻加解玉砂反复琢磨，或定位偏差，以及两头对钻反复琢磨错位所致。

二、纹饰特征：春秋玉器善用众多抽象变形、肢解整体的龙纹充填器物画面，从而显得繁密不透气，虽然有些纹饰晦涩寓意深刻，但粗看却有一种似是而非的模糊感。这种密不透气的纹饰风格经历过中期的清朗之后，到了晚期又恢复到早期状态。春秋早期纹饰仍然继承西周特点，盛行夔龙首纹、涡纹、云纹、兽面纹、S形纹等，并首现“D”形纹、肢解龙纹、蟠虺纹、游丝刻，春秋晚期还出现谷纹、卧蚕纹等。

三、审美特征：鉴定古代玉器，除了要掌握它的时代风格特征、工艺及装饰手法外，更重要的还应当细心体会其内在神韵。就整体而言，春秋玉器给人感觉“不够精致”，造型、构图、动态变化等方面较之战国玉器则显得神气不足，平静而呆板，“笨拙”而缺少灵气。然而，一些器型和纹饰看似平静，其实充满张力与玄机。

春秋时期“礼崩乐坏”，在奴隶制社会向封建社会嬗变期的历史背景下，东周王庭对各诸侯方国渐渐失去了约束力，各路诸侯怀着复杂的心态或等待时机，或构筑梦想。他们想图谋天下，却又心怀顾忌；侵吞兼并邻国，却必须打着替天行道，仁义之师的幌子。这种复杂而晦涩的社会心理，必然产生特殊的艺术形态。比如，圭璧和肢解龙纹，“六器”之首的璧与“六瑞”的圭这两种器型的组合，首现于春秋时期，只有天子才能拥有。但诸侯方国的王们并不这么认为，他们也让自己的玉工偷偷打造，于是就出现了一些器形偏小、纹饰怪异、象征性强的圭璧。

龙是中华民族的象征，是国家、帝王，以及男性阳刚的象征，更是历代帝王的代表与化身，包含着极具浓厚的君王思想特性。如此美好象征的龙，在春秋时期为何被肢解变形，蕴藏在中规中矩，平静木讷的云纹中？还是一句话，与诸侯的思想意识和时代背景有着极大的关系。

云纹冠玉跪人(春秋)一对

A pair of carved jade genuflecting figure with cloud design
(Spring and Autumn Period)
高 8.8cm 宽 3.4cm 厚 2.5cm(大)
高 8.6cm 宽 3.3cm 厚 2.4cm(小)

青白玉质,包浆厚实,整体受沁成青绿色,局部受赭色沁,沁脉分布自然有序,一尊玉人头部有轻微钙化现象。

玉人头戴由3朵方角云纹组成的冠帽,昂首挺胸,鸟爪形双手卷握收于腹侧,呈跪坐状。手琢成鸟瓜状为春秋神人,或战国羽人所独有,后世较为少见。玉跪人饰方角浅浮雕卷云耳,眉鼻相连,卷云鼻,椭圆形眼,双嘴微张,一对上獠牙直抵下唇。唇齿之后有一圆孔,两端略呈喇叭孔,中间有精细不一的旋痕。前胸后背均琢有对称浅浮雕云纹,纹饰密集繁缛,为典型春秋晚期技法。

笔者认为,此玉人应为春秋晚期的武士俑。繁密的云纹代表紧身战袍,其臂后摆,肘凸起与肩平,宛若羽人翅膀,这种姿势乃模仿飞行动作,给人以蓄势待发之感。春秋时期,道家思想流行,出现由多种元素结合的玉人不足为奇。春秋玉人面世不多,以成对出现更为珍贵。

圆雕玉鸠鸟（春秋）

Carved jade altorelievo cooer (Spring and Autumn Period)

高3.9cm 长5.4cm 厚2.3cm

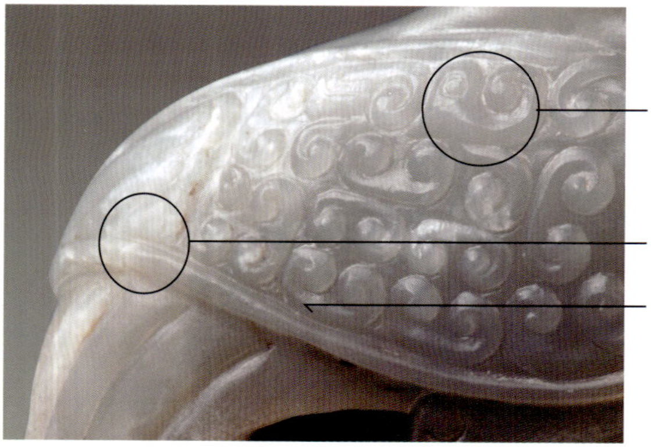

肢解变形龙纹是春秋玉器常见的纹饰。

次生结晶现象

云纹。春秋时期，云纹首次以浅浮雕形式出现。

青玉质，玉质温润，光感内敛含蓄。器表覆盖大片灰皮，局部有次生结晶现象，晶状物排列过渡有序，生坑真品特征突出。

鸠鸟作站立状，尾翼拖地，尖喙下勾，圆眼出梢，猫耳后附；双翼呈“人”字形分开后拢于尾，有粗阳线勾框，内琢隐起云纹，下有阳线翅羽纹；鸠鸟胸部圆鼓，上肢细小上卷，与尖喙呼应；尾翼并拢，琢弧面阳线。此器纹饰于繁缛中见疏朗，器形于粗犷中见精细，且抛光细腻，打底光洁，应为春秋晚期至战国早期之间的作品。

“关关雎鸠，在河之洲。窈窕淑女，君子好逑”。《诗经·关雎》里的鸠鸟当为此物，诚为一趣也。

三璜合璧（春秋）

Carved jade "bi" disc with 3 hemicycle "huang" (Spring and Autumn Period)

径 12.2cm 厚 0.3cm-0.4cm

青玉质。整体受石灰沁、铁质沁，沁色浓淡相宜，过渡有序。三璜长短相同，厚薄不均。由于生产力水平所致，古代玉工在开片时，很难做到厚薄均匀。即使器表看似均匀的片状玉器，只要旋转器物，便不难发现其外沿一般厚薄不同。这是鉴定古玉真伪简易的手法之一。

每片璜两端各有两个小孔，可单独佩挂，亦可三璜连缀固定为璧。此种器形是时代的创意，应始于距今4000余年的齐家文化时代(相当于中原地区的夏、商时期)，盛于春秋、战国，汉代也有出现，其做法当为玉料珍贵，在不同场合可分合使用。璜体饰浅浮雕隐起卷云纹、方角云纹，内填肢解变形龙纹。器表纹饰看似密不透风，布局却井然有序，线条转折自然，里面暗藏玄机。肢解龙纹是春秋常见的一种寄生纹饰，对于这种纹饰，王文浩先生认为，“应和当时诸侯的思想意识有极大的关系。他们个个心怀天下，想称王做伯（霸），却又有所顾忌；想侵吞邻国，却要打着替天讨伐，仁义之师的幌子。这种复杂的心态体现在玉器纹饰上，便有了以上特征。”此器工艺精美，保存完整，较为少见。

瑞兽（春秋晚期—战国早期）

Carved jade mythical beast (Late Spring and Autumn Period-Early Warring States)

长 6cm 厚 2cm 高 4.3cm

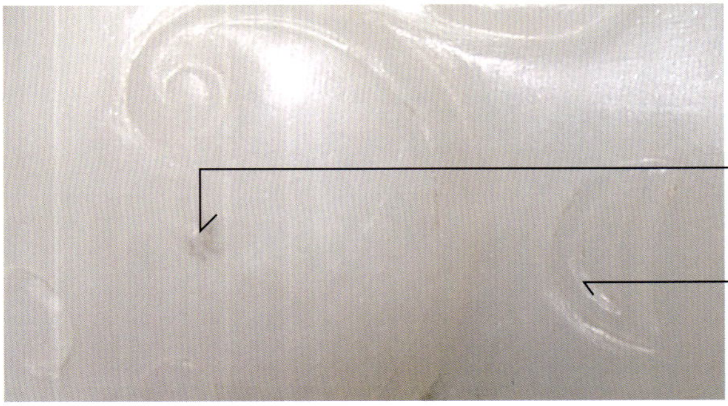

深入玉质肌理的黑色沁斑

“D”形纹为春秋圆雕古兽最为常见的纹饰，可成断代依据之一。

和田白玉质，温润细腻，质若凝脂，手感深沉，种头极佳。玉兽尾部受石灰沁，有点状晶体析出和氧化灰皮，星点闪烁。

兽角向上微卷，贴于脑后，猫耳、杏眼。鼻梁开阔呈束腰形，卷云纹翼、减地“D”形纹分布器体两侧。瑞兽卧而卷尾，钝平足，四腿弯曲前伸，作卧伏状，背琢阳雕卷云纹，饱满对称。卷尾上端琢减地双“D”形纹。“D”形纹为春秋圆雕古兽最为常见的纹饰，可成断代依据之一。

瑞兽背腹对钻，俗称“通天孔”，可供系挂。此孔两头略呈喇叭孔，中间有台痕和粗细不一旋痕，此为典型春秋晚期、战国早期的打孔工艺，具有青铜管钻之特征。

在玉文化的长河里，春秋玉器有着极为重要的历史价值和意义，它承担着承上启下的，继往开来的重任。因为存世量少，历来为藏家所追捧。

鹰鸟佩（春秋）

Carved jade pei-pendant in shape of an eagle (Spring and Autumn Period)

长 6.4cm 宽 4.4cm 高 1.9cm

玉质通体受沁，沁色深入肌理，有轻度白化现象。

白玉质。玉质滋润，包浆厚实。整体受水沁，沁斑深入肌理，局部器表已质变，有晶状物析出（俗称“银星斑”），生坑特征明显。

玉鹰敛翅缩脖，尖喙下勾，仿佛栖息林间，为再次飞翔作准备。喙角各有一未钻透的圆孔，阴刻杏仁目，眼角出梢。翅边缘肥厚，内琢浅浮雕卷云纹、变形云纹，纹饰繁密而圆滑，地子较为粗糙，初步断为春秋中期玉器。

圆雕玉鸠鸟（春秋）一对

A pair of carved jade altorelievo cooer (Spring and Autumn Period)

长10cm 宽3.5cm 高6.5cm

长9.5cm 宽3.2cm 高6.4cm

鸠喙尖短，春秋晚期风格强烈。

钙化层过渡自然，层次丰富。

大者为青玉质。受土沁，局部有冰裂和土格，包浆厚实，精光内敛；小者整体受石灰沁，局部有钙化现象，开窗处能见白玉质，迎光通透。

两者当为雌雄双鸠，外形略有差异，大者卷尾、卷翅，小者尾翅平展。两鸠鸟尖喙圆眼，眉骨高耸，双目正视前方，深邃有神。高浮雕琢出双耳，耳孔有管钻痕迹。鸠鸟长尾拽地，作站立状，每足三趾，抓地如握拳。此器为春秋晚期之作，理由有三点：一是整体装饰性不如战国强烈，鸠尾光素无纹；二是底章打磨较为粗糙，不如战国时期精细；三是鸠喙尖短，春秋晚期风格强烈。

虽然，此器造型与两汉时期的杖首类似，却多几分古拙感。《礼记·月令》提到每年中秋，“养衰老，授几杖，行糜粥饮食”。授杖是中华民族尊老敬老的优良传统，为高龄人授杖之仪始于周代，一直延续到两汉。汉初规定，80岁以上的老人才有资格享受授杖，后降到70岁。获授老人不但允许“出入官府、郎弟（第）”，还准许“行驰道旁”。驰道是天子的马车道，绝对禁止闲杂人员行走。即使是皇亲国戚，也在禁行之列。汉代还颁布诏书，明确提出严禁对授杖老人擅自征召、系拘，也不准欺殴辱骂，违者将被处死。

双鸠造型写实，工艺精湛，刀法犀利。此器保存较好，一对共存更为珍贵。

战 国 The Warring States

（前475年～前221年）

(From 475 B.C. to 221 B.C.)

一

前475年（周元王姬仁元年）至前221年（秦王政二十六年），因各诸侯国战事连绵不断，故史称"战国"。

战国时期，"礼崩乐坏"的程度进一步加剧。社会的变革、生产力的发展以及儒家赋予玉的种种道德内涵，王公贵族，皆以佩玉为时尚。这个时期，铁器在生产领域得到广泛运用，琢玉工艺有了较大的发展。诸侯争霸，宅中图大，见锋挺险的大气手法体现在琢玉工艺上，使得战国玉器无论器面、边角或是布局，均设计得当，造型准确，交代清楚，通体皆灵，充满了强烈的动感和勃勃的生机。

这种奋发的气势和艺术的活力，也是战国时代的精神所在——才气纵横、踌躇满志，霸气不失细腻，囿于方圆却见个性。战国玉器"生如夏花之灿烂"，她是中国古代玉文化和琢玉工艺的极致。此后，任何朝代玉器的精神气质都难望战国玉器的项背，战国玉器堪称后世玉器的标杆。

战国玉器较之春秋玉器品种更加丰富，在"百家争鸣"的历史背景下，变革与创新成了时代的主题。战国玉器真正意义上突破了传统玉器的形制模式与审美取向，确立了更为宽松的用玉秩序和创作方向，玉的宗教和政治色彩相对弱化，"君子与玉比德"的娱人指导思想进一步强化。

战国玉器推陈出新，出现了大型的组合器形、器皿、玉磺、出廓璧、龙形佩、带钩等。玉雕作品以玉龙和玉凤最具代表性，龙的形象占据突出地位，龙凤组合佩成为重要器形，通常凤仅作为龙的附庸纹饰出现。战国琢玉工艺更加精细，玲珑剔透，并多以镂空、浅浮雕的技法、巧妙的构思和独特的造型见长；装饰更加多变，不但有谷纹、云纹等几何纹，还出现了圆雕件上饰以浮雕的新的纹饰表现手法，以及鳞纹、花叶纹、描写自然生活的图纹。

由于儒家的道德观和神性的交融，战国圆雕大量出现了以"神兽"为题材的"四不象"和"羽人"形象。神兽有的似虎不是虎，似牛不是牛，似穿山甲却又有猪的元素。这些神兽造型，均饱含着一种紧张的气势，充分显示了战国时期各路诸侯意欲争霸的气概。我国古代有关神仙思想起源很早，其中有传说讲述人修行成仙后长出羽翼，飞到天上成为仙人，这种有羽翼的仙人便是羽人。羽人进入东汉末年后，演变成了不带羽毛的"飞仙"。东汉末年，随着佛教传入和道教融合，原型为道家的羽人，受佛教影响去掉了双羽，披长帛。飞仙即飞天，早期飞天多为男性，后渐变为漂亮女性，经常在天空中撒花，降福人间。

战国玉器中另一朵奇葩便是"战国舞人"。舞人或以联体形象出现，或独自跳起"长袖舞"。他们扬袖起舞，水袖或上下甩动，或双手交叉于胸前，颇有乘风欲去之势。

二

战国早期玉器以山东鲁国故城和湖北曾侯乙墓出土的玉器为代表。其工艺较前复杂，造型亦渐舒展，器体边角尖锐利落，特别是回首挺胸的龙凤形象也开始展示出了一定的动感。装饰图纹则多为较密集的去地隐起的谷纹、卷云纹等。有的谷纹周缘还刻划出一条阴线，甚至使之勾连。此时浅浮雕玉器去地并不彻底，多沿图纹而碾磨，因此产生了一种时隐时现、变化多样的艺术效果。

战国中晚期，玉器工艺经过不断地发展，越发呈现出一派辉煌的景象。此时玉料选择更加严格，洁白温润的和田玉比例较前增多。治玉工艺更加成熟，由于普遍采用了金属类工具，所以战国玉器较之早期造型规矩整洁，器物边角犀利见锋，纹饰线条干净利落，决无拖泥带水之处。无论是浅浮雕、透雕，还是阴线刻划，均琢制得精益求精。特别是那张口挺胸、大幅度地扭动躯体的龙凤造型，明显地表现出一种刚健遒劲、勇往直前的气势和力度。如我们常见的镂空龙形佩、出廓璧和各式玉佩等，那细润的质地、新颖的造型设计、滴水不漏细致入微的雕工以及巧妙灵透的镂空、充满活力的线条和通体生辉的光泽，无不让人叹为观止。

战国玉器简评

1、琢玉工艺：战国玉器棱角刚劲明确，器物边角犀利见锋，握之扎手；纹饰线条干净利落，决无拖泥带水；镂空技法的使用较春秋更加普遍，技艺精湛细致，就连镂空之外的内壁也琢磨的光洁明亮，一丝不苟；“游丝毛雕”工艺精细，毫发毕现；玉器抛光精湛，“玻璃光”技术光彩照人；片雕玉器较之汉代较薄，比如，战国玉璧和龙形佩一般厚度在0.4厘米左右；谷纹整齐饱满，迎光轻微转动能发现，地子比凸起的谷纹明亮，形成一条条闪亮的“光道”；已经使用金属薄壁管钻，钻孔定位准确，孔沿较为齐整，能打通厚达十几厘米以上的细小直孔。

2、纹饰：战国玉器装饰图纹较为稀疏，常见的谷纹、云纹、勾连云纹、勾连谷纹、“S”形纹、网格纹、绞丝纹等，纹饰饱满整齐，线条舒展流畅，工艺精细入微，主纹、地纹均清晰可见；龙纹、凤纹最具代表性，通常凤仅作为龙的附庸纹饰出现；圆雕器形上通常饰以浮雕纹饰。

3、神韵：战国玉器大气坦荡，洗练利索，无论器面、边角或是布局，均设计得当，造型准确，交代清楚。战国独特的时代气质，折射出玉器作品霸气不失细腻，寓于方圆却见个性，充满了强烈的动感和勃勃的生机。

战国玉器工艺的精细程度，在中国玉器史上达到了空前的高峰。

四刃镞形玉矛（战国）

Carved jade spear with four edges (the Warring States)

通长 32.1cm 刃长 22.6cm 骹长 9.5cm

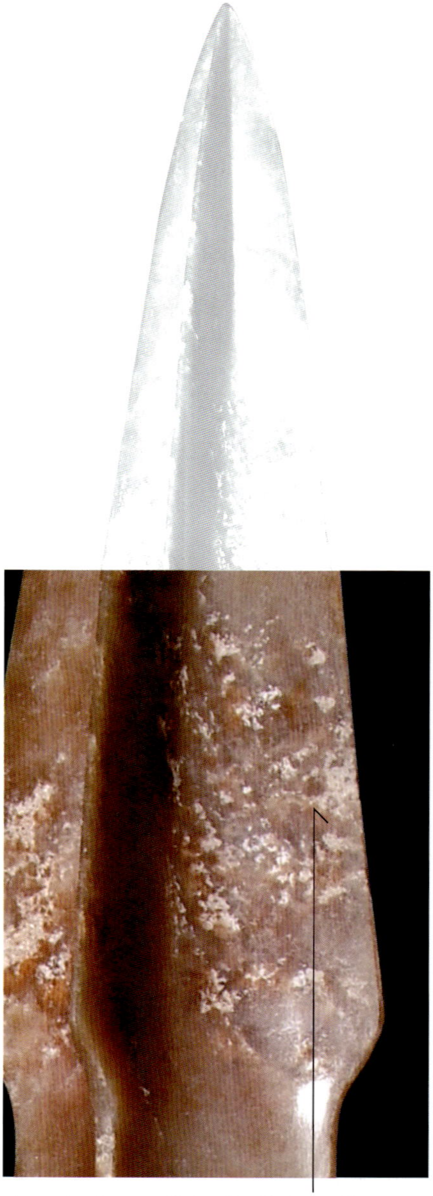

土沁斑深入玉质肌理，层次分明。

白玉质，开窗见地，玉质温润致密，华光内蕴，玻璃光包浆厚实。通体受土沁和铁质沁，呈现粉红色泽，局部地方土沁浸入肌理，过渡有序，沁门处有次生结晶现象，生坑特征明显。

矛是古代用来刺杀敌人的进攻性武器，始于商代，或商代以前，来历悠久。矛和枪一样，是古代战场上使用最广泛的长形刺杀兵器。晋代开始，矛逐渐被枪替代。枪头的形制较此前的矛小，其构造简单，只有枪头、枪柄两部分。矛头分为“身”和“骹”两部分。矛身中部为“脊”，脊左右两边展开成带刃的矛叶，并向前聚集成锐利的尖锋。有的脊两侧带凹槽，称“饮血”，为矛头刺入人体时出血过气，以减少阻力。骹是用来连接脊的直筒，下粗上细便于装柄。矛和戈、斧、钺同为商周时期祭祀、盟誓、丧葬中的重要礼器，到了春秋、战国时期它们作为礼器的功能逐渐消失，而变成战争的实用冷兵器。

此矛叶分四刃，呈箭镞形，与战国出土的青铜、铁质箭镞形状基本一致。玉矛叶刃锋利峻峭，各部分比例协调；凹槽呈弧形结构，打磨光滑细腻，光泽幽亮。矛骹呈圆管状，外分四股各琢网格纹；用于装柄的骹孔下粗上细，中有台痕，孔壁内有大小不一，粗细不均的螺痕纹，管钻加解玉砂掏膛工艺特征明显。

相关资料获知，四刃或三刃玉矛多出于春秋、战国期间，进入汉代玉矛基本不再出现。此矛大气磅礴，边锋锐利，气度恢弘，打磨精细，故初断为战国器形。四刃镞形矛系战国时期礼仪用器，在那战马嘶叫，烽火连天的岁月里，它或许伴随群雄经历了无数的征战，或许见证了一场场无比重要的盟约和祭祀。日光流年，它从喧嚣复归于宁静，唯留下历史的风韵让后人细细研读，感慨系之。

尖帽玉舞人（战国）

Carved jade dancing figure wearing an apical hat (the Warring States)

高5.1cm 宽7.4cm 厚0.5cm

背面

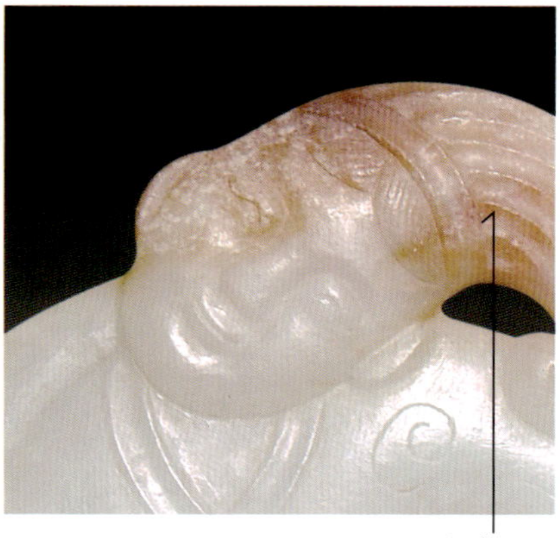

甘黄沁

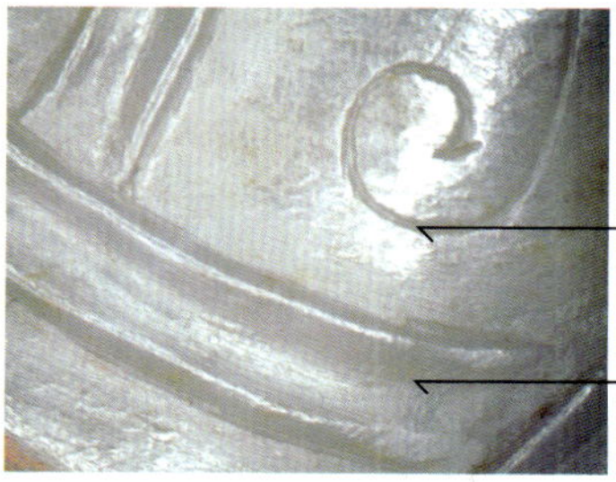

阴刻云纹。阴刻线顺势断续连接的痕迹，此为典型的“以直取弯”砣轮制作工艺。古代砣机是固定的，玉工为了制作诸如谷纹、阴刻圆圈纹等带环状的纹饰，只能手持玉器，在固定的砣轮下碾出一道道直阴线，顺势组成环状纹饰。

横向平行螺纹。高古玉中的弦纹砣琢法通常采用“横砣直磨”工艺完成的，即横向砣琢，纵向抛光。所以，弦纹中细查可见有宽扁砣轮留下的平行螺纹，特别是阴刻弦纹的首尾两端起“刀”处，这种痕迹较为明显。

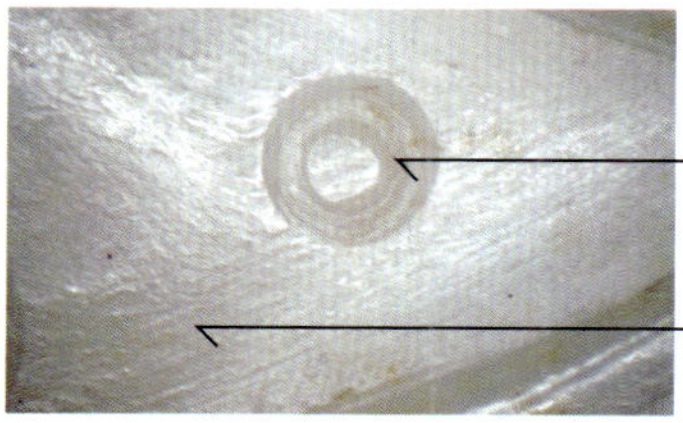

金属管钻加解玉砂反复旋转痕迹

由解玉砂反复抛光产生的橘皮纹。高古器表抛光痕迹不管如何散乱，其线条必为直线，若出现曲线痕迹应为现代工艺。

多年收藏，笔者经手商、周、春秋、战国、两汉高古玉器不在少数，却独爱战国工艺——才气纵横、踌躇满志，霸气不失细腻，囿于方圆却见个性。

这件舞人便是战国玉精神气质的浓缩。毫无疑义，他的前身来自和田玉龙喀什冰河中最为上乘的羊脂白玉，经过中原王室工匠不计工时雕琢，这名飘若行云，婀娜多姿，惊为仙人的男乐伎诞生了。此舞为“长袖舞”亦称“翘袖折腰舞”，起于战国，盛于汉代。刘邦宠妃戚夫人、汉成帝妃子赵飞燕皆擅此舞。

《韩非子·五蠹》：“鄙谚曰：‘长袖善舞，多钱善贾。’此言多资之易为工也。”讲的故事是，战国时期，魏国出生的范雎做了秦国的丞相，深得秦昭王的赏识。燕国的蔡泽到秦国拜会了范雎，劝范雎激流勇退，范雎将他引荐给秦昭王后就激流勇退。司马迁感叹“衣袖长的人善于跳舞，有钱的人会做买卖”。可见当时长袖舞像聚财一样为人们所津津乐道。

历来只闻乐伎为女，鲜有男性，更令人赞叹不已的是，自然界的造化也眷恋上他了，让他的长尖帽子也沁上了尊贵的黄。这就是传说中的土黄沁，沁染帽缨，喻为“红运当头”。

舞人的“父亲”一定生长在一个高天流云、四季花香、衣食丰裕的时代。虽烽火连天，远方却捷报频传。置身此景，玉工的心情舒畅、坦荡。于是，他把这种心境赋予了即将“出生”的“儿子”。你看，舞人眉鼻相连，面如满月，笑靥如花，小嘴像弯月，眼睛眯成线。

舞人分正反两面，琢工不同，均阴刻勾连云纹，器表微呈橘皮纹状态，有解玉砂抛光产生的凹陷坑，包浆厚实，玉质油润。正面头右倾及肩，神情调皮轻松，尖帽子上刻弦纹，顶部弯垂成球。右袖甩于肩后，左袖下垂末端上卷，均琢以弦纹。通常战国舞人着右衽交领长裙，而此舞人却着左衽交领长裙，诚为又一奇特之处。此器琢工精湛细腻，人物形神把握准确到位，时代特征鲜明，有特别重要的历史艺术价值。

联体玉舞人（战国）

Carved jade conjoined dancing figures (the Warring States)

高 8.2cm 宽 6.4cm 厚 0.8cm

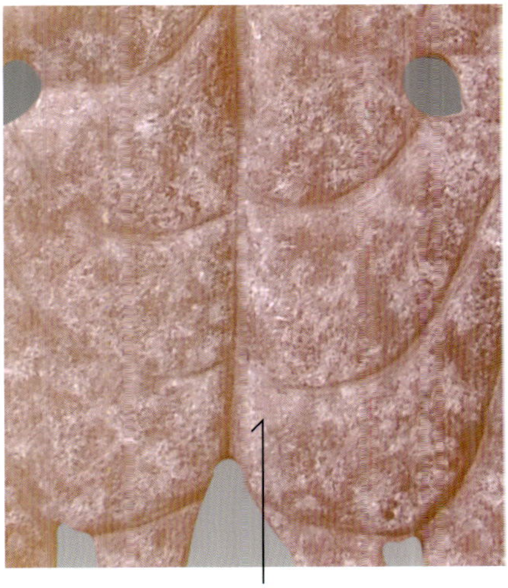

和田白玉质，质感细腻深沉，宝光内蕴。局部有氧化灰皮，盘之则无，遇汽、浸水复出。30倍镜下，灰皮呈浆状，如流云似奶油，又像是积雪初化，灰皮结构有序，过渡自然。舞人通体受甘黄沁，沁色如丝如缕，色如蒸栗，通而不透，灵光流动。“老甘黄、老土大红、钉金沁、牛毛纹”为古玉中的“四大名沁”（民间又有“十大名沁”说法），此沁当为其一。

高古玉器深埋地下千年以上，各种物质沁入其中，经盘水烫后往往能嗅出淡淡的“墓香味”，这种气息几乎千篇一律。然此联体舞人，即使未经盘玩，也能散发一股宜人的清香味，似幽兰如松香，十分珍奇。

战国玉舞人在出土和民间收藏机构均有发现，形制特征大同小异。其中联体舞人工艺最为精湛，最具代表性的当推1928年河南洛阳金村出土，现藏于美国弗里尔美术馆的“双舞人佩”。

此器形制与金村舞人如出一辙，只是细部有点差别（**参考1**）。舞人梳扇形头，额发平齐，两鬓卷曲，身着长地舞裙，右衽交领绕襟旋转而下，水袖长而小。两人各扬一袖于头顶，作翩翩起舞状，舞姿妙曼动人，观其形如闻其声。这件联体舞人琢工精细，人物造型把握准确，时代特征鲜明，具有重要的学术价值和艺术价值。

参考文献1、《中国古玉器图典》198页 古方 文物出版社

圆雕玉舞人(战国)

Carved jade altorelieve dancing figure
(the Warring States)
高7.9cm 厚1.2cm

和田白玉质，玉质缜密，种头极佳。局部受土沁轻度钙化。

在高古玉庞大的家族中，战国舞人最为传神，其工艺精湛，形态生动备受藏家珍爱。坊间造假者往往只能得其形，而不能得其神，甚至打形比例严重失调。此舞人眉眼生动，浅笑如花，左右水袖琢弦纹，上下甩动，如春风摆柳，娇俏可爱。此舞名为“长袖舞”源于战国，盛于汉代。

梳辫玉神人（战国）

Carved jade braided godwoman
(the Warring States)
高9.1 cm 宽3.4 cm 厚1.3cm

白玉质，玉质致密温润，种头极佳。大部分受铁质沁，灰皮较重，受沁部分有轻重不一的钙化现象，有晶状物析出。生坑特征明显。

玉人为女性，面如满月，发梳三股，中间为髻，左右为辫，辫子冲而下垂；杏仁眼，樱桃嘴，眉鼻相连，天庭饱满，地阁方圆。着右衽束腰长裙，穿船形鞋，作耸肩、垂手、正视、站立状；左右袖子琢弦纹，水袖上扬贴臂；裙饰以三角形云纹，外侧琢扉棱角。

战国圆雕神人出土面世较少，此器造型独特，工艺精良，存世珍罕，具有重要的文物和收藏价值。

玉神人（战国）一对

Carved jade godman (the Warring States)

高 11.3cm 宽 3.4cm 厚 2.1cm

高 11.2cm 宽 3.2cm 厚 2.1cm

网格纹阴线有深浅不一，精细不一的特征，为典型的砣轮加解玉砂反复琢磨的痕迹。

用解玉砂加砣轮琢出的平行短阴线，两头细中间宽，两头浅中间深。

橘皮纹

次生结晶现象。次生结晶、瓷化、桥变（地质因素产生的变形现象），凹陷、萎缩（受重金属元素浸渍）等均为高古玉的“防伪标志”。

瓷化现象

白玉质。玉质细密温润，如脂似蜡。包浆极为厚实，手感深沉润滑。受石灰沁和铁质沁，有浅褐色沁斑和灰皮，沁色深浅交替，过渡有序。局部质变解理成结晶体，裙摆及双足瓷化现象严重。真品特征突出。

战国玉雕之繁荣大有空前绝后之势。此期玉人品种繁多，风格各异，人物造型一扫春秋之前拘谨、古板之风，呈现开放、自由、洒脱、优美多变的新形象。同时注重人物服饰、表情的刻画。此期玉人无论是从收藏还是考古研究，都是其他任何时代玉人无法比拟的。

这对玉人形象相同，头顶圆盘状冠帽，冠带垂肩，双手袖内拢握于胸前，着右衽束腰长袍，下饰方格状花纹，着方形屐履（**参考1**），对了解战国时期的服饰有着重要的参考价值。玉人气质端庄，高贵安详，当为战国时期贵族。只是两人高矮相貌略异，一人姿态粗犷，英姿勃发；一人婉约纤细，面容端淑，两人或许是贵族夫妻的“自画像”。

“死生契阔，与子成悦；执子之手，与子偕老”。可以想象，在那烽火连天，国无宁日的时代，他们在相对宁静而富裕的另一隅时空中，度过了人生的欢乐与情爱。这对情侣笃信生命的轮回与来生的相逢，在生命最灿烂的季节里，请来王国里最好玉工，为他们留影造像，以作来生重逢的信物。也许，他们只想让后世子孙记住自己的遗容，因为子孙的面容就是祖先的遗容。

玉人传神、会意，人物造型、神态把握十分准确；人物轮廓，纹饰线条流畅自然，显示了战国玉工高超的造型能力。面对如此极具艺术感染力的光辉之作，怎能让人不发怀古之幽情？

参考文献1、《中国古玉鉴藏家藏品实录》131页 侯彦成主编 文化艺术出版社

兽面跪羽人（战国）

Carved jade kneeling figure with a beast face and two wings (the Warring States)

高6.0 cm 宽3.0 cm 厚1.9cm

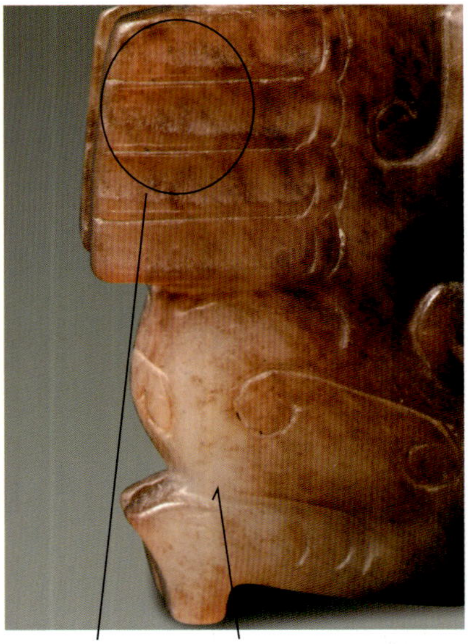

白玉质。通体受红褐色沁，俗称“老土大红”。沁丝呈牛毛纹分布，开窗处能见白玉质，玉质致密细腻。兽面、上肢、膝部因受沁风化，有晶状物析出，真品特征突出。

“老甘黄、老土大红、钉金沁、牛毛纹”为古玉中的“四大名沁”，此器独占两沁，难能可贵。牛毛纹一般由水银、铅锌等物质沁成，沁脉顺着某一个方向排列。辨别牛毛纹的真伪，通常看沁丝是否在刀口处消失，或断折。如果沁丝消失、断折必为后仿，或为老玉新工之作。

这件羽人整体呈长方形，棱角分明。兽首人身，作跪坐状。兽首琢长阴线头发随风飘动，颇具动感，脑后琢平行短阴线，代表体毛，兽面饰卧蚕眉、猫耳，圆眼翘鼻，獠牙暴凸直抵下颌，形态凶狠。羽人披双翼，着方角长靴跪坐仰望苍穹，似有所祈盼，上肢化作兽爪上下对钳，仿佛仙长拈指沉思；胸部镂成凹槽，刀痕清晰有力，砣碾工艺历历在目。

我国古代有关神仙思想起源很早，其中有传说人修行成仙后能长出羽翼，飞到天上成为仙人，这种有羽翼的仙人便是羽人。实际上古人对羽人有3种定义：

一谓古之官名，负责掌征收集天下羽毛，用之于制作旌旗、车饰之用；二为神话故事之中长有羽翼之人；三是道教修炼有成的道士，而生出羽翼，升天成为仙人。古人对于羽人的称呼，又有羽民、鸟民、鸟人等。江西省新干县大洋洲乡商代墓出土的三活环“羽纹玉神人”，可视为至今面世的最早羽人之一。

兽面纹跪羽人系传世品，盘玩多年后，沁丝游动，沁色越发瑰丽，造型小中见大，琢工精湛，诚为羽人题材的精品之作，且类似器型现世稀罕，十分珍贵。

鸟羽人(战国)

Carved jade feathered figure (the Warring States)

高 7.4cm 宽 4.4cm 厚 3.2cm

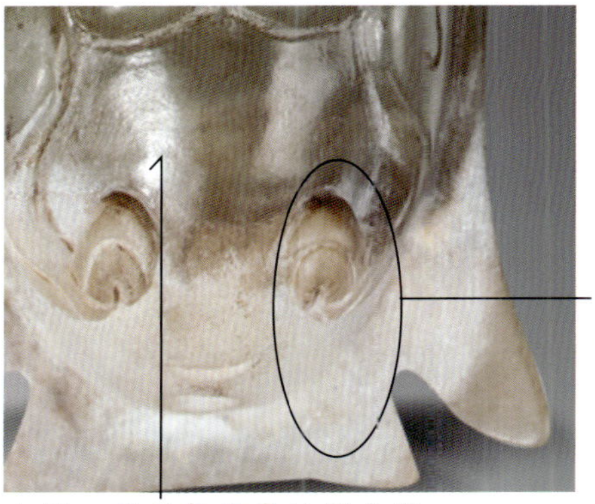

由解玉砂反复琢磨的橘皮纹

青玉质。玉质滋润，包浆厚实，宝光幽亮，整体受沁，有土沁、水沁、藻状沁等，沁色复杂，或浮于表伴随次生结晶现象，或深入肌理，藻状物毕现，生坑特征明显。一个“通天孔”从头顶直钻至腹下，以供系挂。此孔两头定位准确，中间有台痕和粗细不一的旋痕，管钻特征明显。

羽人表面灰皮现象严重，如霜凝雪降，仿佛奔袭夜归，青丝染白发，让人想起清人李文甫联句“青山原不老，为雪白头”。

羽人阔面云耳，张嘴露齿，眉骨高耸，滴水形目眼角上挑，长发后挽束成马尾巴状，面相豪放，气质高贵。头部以下似鸟身，短脖垂肩，坦胸垂乳，双肢粗壮，两趾似拳抱于腹部，极具力量感。身体背部的翅膀呈半圆形，细密的短阴线，构成丰满的羽毛，尾翼似燕尾，两翅内敛，形态矜持高雅，整体像是斗篷披肩。

此器形神俱佳，琢工精湛，存世极罕，堪称战国羽人一绝。

羽人不仅是中国悠久文化的历史产物，而且也有着悠久的历史。《山海经》记载：“西北海外，黑水之北有人，有翼，名曰苗民。颛顼生驩头，驩头生苗民，苗民厘姓，食肉。有山，名曰章山。”《海外南经》相传，周灵王太子，王子乔上嵩山修炼成仙，双臂化为两翼。

《楚辞·远游》：“仍羽人于丹丘兮，留不死之旧乡。”王逸注：“人得道身生毛羽。”洪兴祖补注：“羽人，飞仙也。”湖北随县曾侯乙墓内棺侧板有一羽人图像：人面鸟身，头戴两尖的帽冠，双翅舒展，一手持戟，腹部装饰着鳞纹，尾翼呈扇形散开，是传说中引魂升天的“羽人”的典型形象。

羽人进入东汉末年后，演变成了不带羽毛的“飞仙”。东汉末年，随着佛教传入和道教融合，原型为道家的羽人，受佛教影响去掉了双羽，披长帛。飞仙即飞天，早期飞天多为男性，后渐变为漂亮女性，经常在天空中撒花，降福人间。飞天是敦煌石窟中最具体代表性的壁画题材。

双面羽人（战国）

Carved feathered figures with two faces (the Warring States)

高 4.3cm 宽 4.2cm 厚 1.2cm

白玉质，玉质致密温润，通体受沁瓷化，真品特征突出。

羽人发髻高挽，脑门光洁，双唇轻抿，耸肩侧头，巨视前方，神情轻松调皮；着右衽长袍，双臂下垂，水袖上扬，带子箍腰；腰下阴刻“八”字纹，喻意羽毛。此羽人为双面工艺，正反面纹饰相同，发髻处有钻孔，供挂系。

兽面凤纹活心璧(战国)

Carved jade "bi" disc with beast face and phoenix design (the Warring States)

径7.9cm 厚1.1cm

和田青玉质。玉质细密润泽，通体几乎无沁，如云似雾的氧化灰皮散落器表。玉璧器表呈橘皮纹抛光，解玉砂琢磨痕迹明显，砣琢工艺特征突出。

玉在入土埋葬几千年间，在特殊的环境中，既无入水沾土，又没受到弱酸弱碱及相邻颜色的入侵，也无严重氧化的情况下，表面变化不是很大。但细究之下，其实玉质还是发生了很大的变化。首先玉的透明度明显降低，其次玉质有不易察觉的解理变化，如肌理有如云絮般的饭糁，或“云片”等，再次表面颜色比原先色调更重更深。如果是白玉经过几百上千年，不管有没完全暴露在空气中，表面也会呈现微黄的颜色，这是被空气氧化的结果。所谓“千年白玉成秋葵”就是这个道理。

神玉文化的石器时代，玉璧已经出现。进入春秋战国，璧作为“六器”之首，有“苍璧礼天”之说。战国是一个思想空前活跃的时代，一方面玉璧继续披上宗教和政治色彩，另一方面璧功能也朝着装饰性方面大步迈进，派生出各种不同的用途和寓意。此时的玉璧众彩纷呈，工艺精湛，达到古代玉璧发展史上的最高峰。其中，出廓璧、重环璧、组合璧、叠璧便是这个时期的代表之作。

此璧采用高浮雕手法，外区正反各琢3个扇形兽面纹、3只三凤鸟，内区为可以转动的弦纹活心轴。兽面纹顶部为双方角云纹，弯眉、圆眼、直鼻、卷云上唇，厚重肃穆，庄严神秘；凤鸟挺胸回望，雍容华贵，造型飘逸，犹如“吴带当风”，洒脱轻盈。这两个主体纹饰刚柔相济，动静结合，阴阳相生，极具中庸之华美。内区活心轴，正反3个犄角，既能自由旋转，又十分牢固。活心轴寓意吉祥，意味四季更替，阴阳互动，时来运转。更为奇绝的是，3个兽面纹的外缘截面上有3个凹状深槽，是作为组合器的榫口？还是其他用途？有待方家赐教。

在战国灿若星辰的玉璧家族中，兽面凤纹活心璧以极尽创意的姿态，巧夺天工的精湛砣琢技艺，遗世独立。直至今天，尚未见到类似的器物面世。两千多年过去了，它依然傲视群雄的同时，留下一串淡定的谜待人破解。

勾连谷纹叠璧(战国)

Carved overlapped jade "bi" disc with paddy design (the Warring States)

径6cm 厚0.8cm

断续阴线——"以直取弯"砣刻工艺示意图

侧面

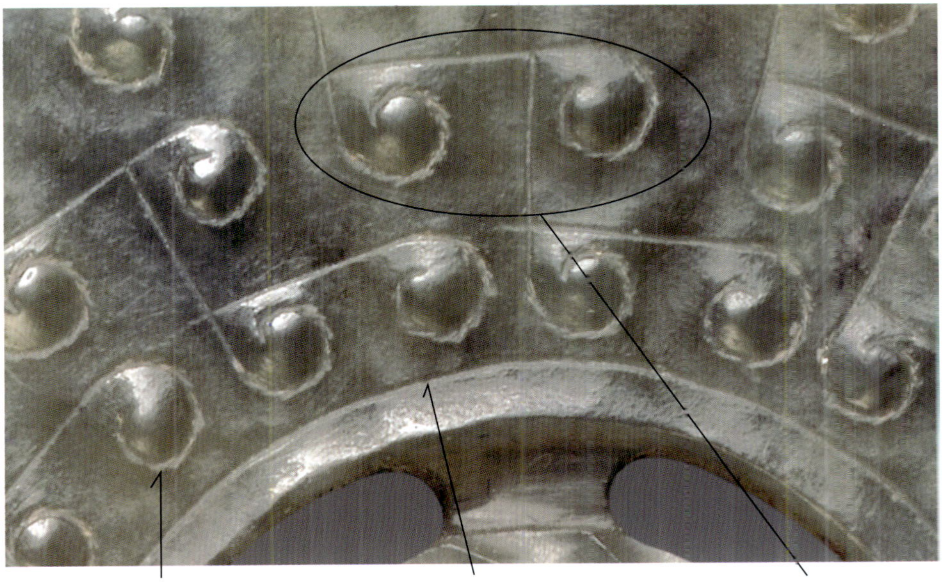

有断续阴线连接的痕迹，此为典型的“以直取弯”砣轮制作工艺。古人认为，这种“以直取弯”而产生的痕迹是不美观的，应加以修饰和掩盖。而现代造假，反而强化“以直取弯”的视觉。

此处阴线可见明显的弯曲痕迹，且有深浅不一，粗细不一的特征，为典型的砣轮加解玉砂反复琢磨的痕迹，是鉴定古玉的重要依据。

勾连谷纹

青玉质。玉质缜密，如脂似蜡，精光内蕴。局部有灰白色灰皮，受土锈沁，沁色深入肌理，生坑特征明显。

真品高古玉的灰皮是一种质变现象，与灰皮接触的玉质定然会受沁形成沁斑，或深或浅，或有晶状物析出，甚至发生严重的质变、结晶、解理，这种灰皮表面光泽自然，过渡有序，看似干老，然在10倍镜却油润细腻，布盘手玩消失，遇水遇汗一定时间后复出。假灰皮一般用浓盐酸，或含硅、碱的化学物质浸泡腐蚀。这种灰皮缺乏光泽，色发死，内外两层皮，灰皮之下无任何沁色。此璧灰皮过渡自然，皮下玉质受赭色沁，盘玩之后发现沁色已深入玉理，表面有明显的晶状物析出。

叠璧主体饰勾连谷纹，谷纹整齐精致，饱满充实，迎光轻微转动发现，地子比凸起的谷纹明亮，形成一条条闪亮的“光道”，熠熠生辉。这种光感是鉴别战国、汉玉浅浮雕玉器的一个重要方法。璧的内区琢一组由弦纹组成的小环，抚之扎手。璧边缘陡立，剖面为直角三角形，战国玉器特征明显。璧外缘截面有凹状深槽，似双璧相叠之状，叠璧之名由此而来。战国至汉代有此形状玉璧，但面世极罕，有重要的收藏与学术研究价值。

谷纹璧(战国)

Carved jade "bi" disc with paddy pattern(the Warring States)

径 5.9cm 厚 0.5cm

绞丝纹。其阴线粗细不一，边缘无崩口，为砣轮所碾。绞丝纹乍看之下，线条齐整规范，细看又有点“错乱”，似乎难找到几根一以贯之的线条。这种视觉效果是古玉痕迹学中的重要鉴定依据。

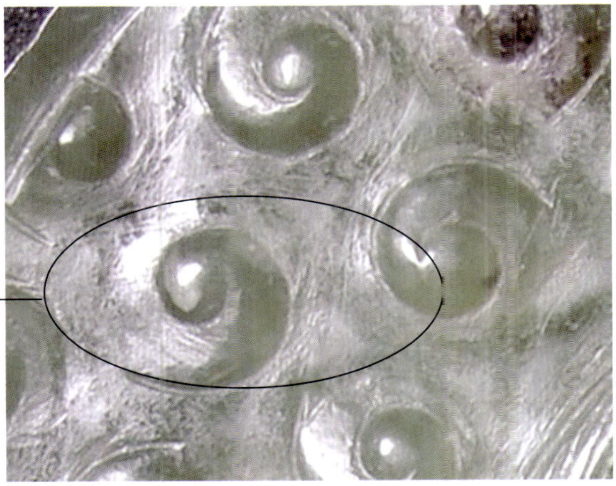

器表有散乱而不规则的划痕，这是解玉砂抛光的痕迹，是鉴别战国和汉代玉器制作的重要手段。

青玉质。通体受铜绿沁漫延，展现青绿色调。局部受石灰沁，与绿色交织呈褐色沁斑，深入肌理；天地之间，东西南北，天为大，“六器”之中璧为首，古人以苍璧礼天，苍是一种深色的意思，在色彩上也印证了天空的颜色。珠联璧合，从古至今人们对璧的重视和赞美一直延续着。

此璧为战国玉璧的标准器形，平举而视开片厚薄不一，边锋锐利，握之边扎手。在10倍镜下，谷纹阴线时断时续，跳刀特征明显；减地处有解玉砂碾磨痕迹，抛光痕迹凌乱而无规则。高古器表抛光痕迹不管如何散乱，其线条必为直线，若出现曲线痕迹必为现代仿品。在光线下，地子比凸起的谷纹明亮，形成一条条闪亮的“光道”，轻微转动则熠熠生辉，有阴阳向悖之感。这是从光感鉴别战、汉玉片雕玉器的一个重要方法。璧的内区琢绳纹，均为断续阴线组成，细如毛发，此为“游丝毛雕”技法。

双螭出廓璧（战国）

Carved "bi" disc with two hornless dragons (the Warring States)

宽 11.1cm 高 6.9cm 厚 0.4cm

双凤出廓璧（相关器形）

玉呈青黄色，表面白色灰皮覆盖，风化现象严重；因受腐蚀，局部有钉金沁。生坑特征明显。

此璧边缘陡立，阴线外围剖面为直角三角形，谷纹饱满圆润，排列齐整，剔地平整。即便是灰皮覆盖严重，迎光转动仍能看见一条条用解玉砂抛光过的“光道”熠熠生辉，地子显然比谷纹更加明亮。璧外缘两螭相对，作抱璧状。

传说龙生九子，螭为其一。《说文解字》曰：“龙，春分而登天，秋分而潜渊。”璧作为“六器”之首，素有“礼天”之说；璧以其圆象征天，上琢谷纹表达了人们希望风调雨顺的美好愿望。这件器形的喻意是：春天正是播种的时候，两条龙抱着苍璧上天传达人世间的美好意愿。希望借助苍天的意志和“龙力”，让人间平安祥和，五谷丰登。

此璧形制开门，工艺精湛，为战国出廓璧的经典之作。通常出廓璧的龙与凤或螭一般相背对称，此器却两螭相对，更增珍罕性。此器时代特征明确，具有重要的文物研究价值。

谷纹璧(战国)

Carved jade "bi" disc with paddy pattern (the Warring States)

直径6.9cm 孔径2.1cm 厚0.5cm

青白玉,包浆油润厚实;器表干老,散落大小土蚀孔,10倍镜下能见孔径外小内大,孔内玉质已发生次生结晶现象,这是鉴别真假土蚀的重要依据。用强酸咬出的"土蚀孔"其孔径必然外大内小,周边没有钙化过渡层,更无次生结晶现象。此璧局部受褐色沁,受沁部分器表有灰白色浆状灰皮,像镀上一层膜,这是水坑次生现象。

此璧为战国玉璧的标准器形,平举而视开片厚薄不一,边锋锐利,握之扎手。谷纹饱满,排列整齐,谷纹阴线时断时续,跳刀特征明显;减地处有解玉砂碾磨痕迹,抛光痕迹直而凌乱而无规则,呈橘皮纹状态。在光线下,地比凸起的谷纹明亮,形成一条条闪亮的"光道",轻微转动则熠熠生辉,有阴阳向悖之感。这是从光感鉴别战、汉玉片浅浮雕玉器的一个重要方法。

卧蚕纹盘龙璧（战国）

Carved "bi" disc with lying silkworm and winding dragon design (the Warring States)
直径7.0cm 厚0.4cm

白玉质，致密温润，蜡脂感强，宝光内敛。器形貌似干净，几无受沁，迎光却发现，玉质已受沁“起筋”；局部有黑色点状沁斑深入玉质里面。

每块和田玉或多或少都有玉筋（或称水线）存在，只是新玉的筋肉色调相同，不太容易看得出来。玉筋是玉质中最坚硬的部分，不易受沁，其他玉质受沁后，玉筋就浮现出来了。受沁古玉这种筋线毕现的状态叫“起筋”。含透闪石成份的新玉（特别是青海玉）玉筋呈直线状，筋肉界限分明。古玉的玉筋往往呈片状，筋肉之间过渡有序，有时界限模糊。

璧通体琢浅浮雕方角卧蚕纹，纹饰排列整齐，地子打磨光洁，整器橘皮纹抛光，边沿陡立，抚之扎手。璧内区盘一龙，龙螭首蛇身，形制奇特，两条平行阴线贯穿龙身，两边饰以三角形鳞纹。龙呈方形盘卷，双肢前伸与头齐平，嘴抵身子，形成一个变形“田”字。此器工艺精湛，装饰性强，用料上乘，当为战国玉璧精品之作。

玉舞人双凤出廓璧（战国）

Carved jade "bi" disc in shape of a dancing figure with two phoenixes (the Warring States)

径 6.8cm 宽 8.5cm 厚 0.7cm

黄玉质。玉质温润，精光内敛，整体微受土沁，土门点星星斑斑遍布器体表面，生坑特征明显。

此璧由三部分组成，即璧体外缘、内缘、出廓。璧体外缘采用斜刀法加阴线工艺琢磨出 4 只玄鸟在云间昂首飞行，鸟头如云浪，与上下的三角变形云纹呼应，整体纹饰浑然一体；内缘饰一舞人，左右水袖上下甩动，如春风摆柳。此舞名为“翘袖折腰舞”，其造型为战国舞人的标准舞姿；璧外缘处双凤左右相背，羽冠上扬，尖喙内勾，挺胸曲足，神态优雅。凤尾内收延伸成一个平台，似乎承托一轮明月。舞者莫非是月中仙子？高古玉器是古人留给后代的一个个神秘的符号，诸多喻意今人仍无法破解。此璧又作何解？

玉舞人双凤出廓璧肉身厚实，工艺精湛，颇具创意，存世极少，十分珍贵。

重环璧（战国）

Carved "bi" disc with two rings (the Warring States)

径7.9cm 厚0.8cm

白玉质，整体受沁，开窗见地，局部钙化，有次生结晶现象。重环璧外环琢以浅浮雕，内环琢绞丝纹。钙化处呈现鸡骨白、萎缩和土蚀现象，真品特征突出。钙化、萎缩和次生结晶，此为鉴定高古玉真伪的重要依据，是高古玉的防伪“标识”。

晶状物析出

钙化和萎缩现象

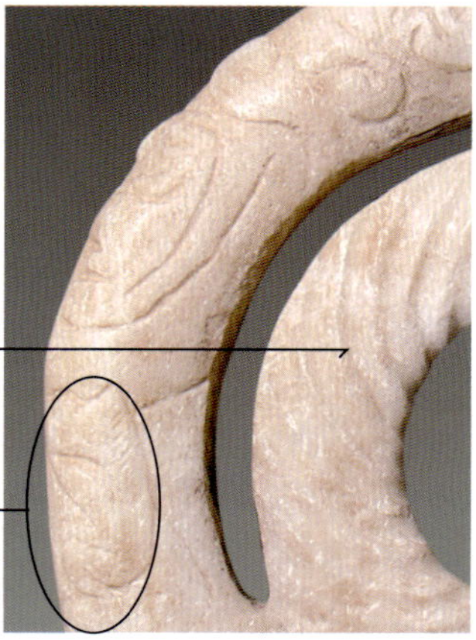

双环璧（战国）

Carved "bi" disc with two rings (the Warring States)

径 7.5 cm 厚 1 cm

和田白玉质，种头极佳，华光内敛，包浆厚实。璧体外环饰浅浮雕凤鸟纹、虎纹、波浪纹，内环饰浅浮雕卷云纹、肢解龙纹，工艺华丽。

此器受水沁和轻微铁质沁，器表局部覆盖晶状灰皮，受沁部分异常干枯，器体肌理布满米粒状饭糁，或深或浅，星罗棋布，真品特征明显。

双龙出廓璧（战国）

Carved jade "bi" disc with two dragons (the Warring States)

径6.5cm 宽6.8cm 厚0.7cm

白玉质，玉质细腻致密，手感厚沉。器表有玉石风化后留下的红褐色皮壳，背面纹饰与正面相同，受沁更为严重，已产生质变结晶现象，晶状物迎光闪烁。

此龙身披双翅，长尾迤逦，体态威猛，系传说中的应龙。《辞源》说“应龙”是有翅膀的千年龙，五百年的被称为角龙。龙是不凡之物，寿命奇长，应龙更是龙中之贵。也有人认为，应龙可指远古的氏族部落和神秘古国——应龙氏和应国。屈原在《天问》中，对应龙如何帮助大禹治水、如何用尾巴在地面上划出江河引洪水入大海等奇事表示不解。

此应龙与今天恐龙家族中的应龙复原图极为相似，说明古代构筑图腾并非全凭想象。应龙身饰鳞纹，翅分三股，身体两侧各琢四肢，并饰以短阴线；龙首相背，犄角相抵，滴水目，管钻圆形龙齿，龙舌长吐上卷，管钻出圆孔。双龙护卫的核心为璧，璧琢弦纹，迎光转动不同角度皆现明灭不定的光感。

此器造型奇特华丽，琢工精细大气，诚为战国玉器的精品；类似器形存世极罕，为研究古代龙的家族提供重要的实物依据。

双人龙出廓璧(战国)

Carved jade "bi" disc with two human-and-dragons (the Warring States)

宽 8.3cm 厚 0.9cm

和田白玉质,玉质致密,精光内敛。器形主体受藻状沁,此沁顾名思义与水藻相像,古玉中的藻状沁纹理清晰,多呈褐色;局部受甘黄沁,沁色深入肌理,有次生结晶和解理现象。真品特征突出。

此器为多物雕,璧外缘琢对称镂雕人龙纹,左右相背。人龙人面兽身,身披甲胄,浅浮雕杏仁眼,卷云耳,戴遮面头盔,帽缨后卷;细看之下,胸部的铠甲原来是龙首。龙首琢云鼻、圆眼、平角,龙嘴微张,龙身化为人龙的双臂;下体曲膝勾足,长尾后伸上卷抵璧。璧体略鼓,上琢浅浮雕云纹、变形龙纹。变形肢解龙纹始于春秋,并在这个时期大量使用,这与当时复杂、隐晦的政治环境和社会心态有关,到了汉代这种纹饰已不代表任何实际意义,仅为一种仿古的装饰而已。

龙人出廓璧造型奇特,精美华贵,存世极少;用料精良,器身肥厚,历经千年风霜,如今独占古玉中的温、润、肥、净。

C形螭龙镂空佩（战国）

Carved c-shaped jade pei-pendant with hornless dragon in openwork (the Warring States)

宽8.8cm 高6.1cm 厚0.4cm

网格纹阴线有深浅不一、粗细不一的特征，为典型的砣轮加解玉砂反复琢磨的痕迹，是鉴定古玉的重要依据。

有断续阴线连接的痕迹，此为典型的“以直取弯”砣轮制作工艺。

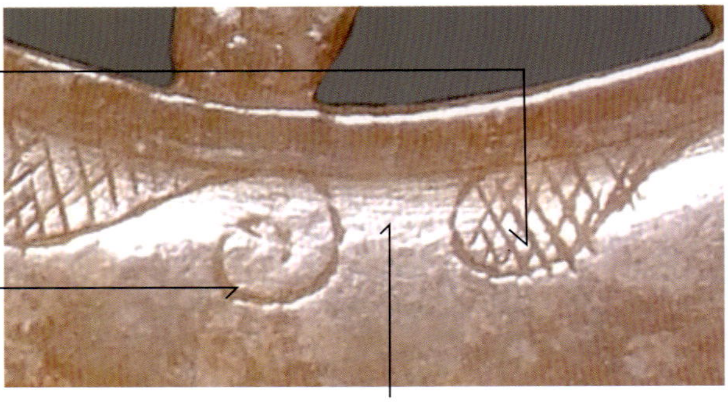

橘皮纹

白玉质，种头极佳，皮壳厚实，通体受黄色土沁，俗称老甘黄，开窗能见白玉质。边棱陡峭，抚之扎手，器身为典型的战国玻璃光抛光工艺，琢阴线云纹、网格纹。在10倍镜下，能明显见到阴刻线断线连接痕迹，此为典型的“以直取弯”砣轮制作工艺。器形、工艺和纹饰均为开门的战国玉器。

有关于龙的形象，《说文解字》中这样形容“能明能暗，能细能巨……春分上天，秋分潜渊”。龙在古人心目中，是神物，它无所不能，又无所不在。此龙身形矫健，充满张力和霸气。龙生九子，螭为其一，这只小螭虎屈体行走在父亲的怀抱里，父子“双手”相触，四目对望，一幅望子成龙、舐犊情深的温馨画面。

玉镂雕螭凤佩（战国）

Carved jade pei-pendant with hornless dragon and phoenix in openwork (the Warring States)

长 7.2cm 宽 4.5cm 厚 1.0cm

白玉质，温泽幽亮，种头极佳，包浆厚实；受石灰沁，乳白沁色侵入肌理，受沁部分质变钙化，有晶状物析出。

此佩躯体浑圆，龙凤同体，形如问号；螭张嘴露牙，下颌如钺，上颌如斧，獠牙对钳，气势威猛，阴刻杏仁目，眼角出梢如彗星划落；螭龙长鬃后扬回卷，龙角上扬；一足卧卷，琢两爪趾和短阴线。凤饰杏仁目，张嘴勾喙，花冠后扬回卷，仰天长鸣；此凤身负双翼，后翅回卷，双爪收于胸前，气宇轩昂，姿态倨傲。器身弯曲处，琢一小凤，小凤喙顶螭龙颈部，坐于母凤翅膀，姿态亲昵，娇俏可爱。小凤可理解为龙凤交媾后的爱情结晶，体现了农耕时代的生育观。

此佩一方面体现了"龙凤呈祥"的美好喻意，另一方面反映了封建社会"龙在上凤在下"的男尊女卑的思想。此器造型生动，喻意深刻，龙啸凤鸣，霸气而充满张力。战国时代龙凤同体的题材一般以片雕形式出现，以圆雕形式出现的佩饰极为罕见，有重要收藏与审美价值。

人凤首环形佩(战国)

Carved ring-shaped jade pei-pendant with a human-and-phoenix head (the Warring States)

径6.4cm 高5.2cm 厚0.7cm

白玉质,白如截肪,质地致密温润,用今天的说法,此佩乃取自和田玉籽料。局部受沁,呈现鸡骨白现象,迎光通透,玉质见红。古玉的鸡骨白现象是在埋葬中形成的,成因一般由地火或石灰温度而起。这件人凤首环形佩的鸡骨白源于石灰沁,稍经盘玩后将变成粉红色,俗称"孩儿脸"或"美人醉"。

此佩与河南省信阳市黄君孟夫妇墓中出土的春秋早期的"玉人首蛇身饰"神似。佩作不规则圆环状,以镂空加阴线琢人首、凤身、凤首,人首戴船形帽,阴刻杏仁目,尖鼻上勾,嘴唇斜突。人首后仰与凤尾连为一体,身尾卷弯至头顶形成低垂的凤首,凤冠与帽缨相触。凤体饰凤足、凤翅,阴刻流云纹、圆圈纹。

中国古代神话中,女娲和伏曦就是人首蛇身,黄君孟夫妇墓出土的佩饰(**参考1**),大概取材于这个神话传说。人凤首环形佩却是战国玉器的又一创举,此佩形制奇特,用玉考究,弥足珍贵,具有重要的历史、艺术价值。

参考文献:1、《文物藏品定级标准图例》91页 文物出版社

卷尾螭蛇镂空佩（战国）

Carved jade pei-pendant n shape of a tail-curling hornless dragon with a snake biting its tail（the Warring States）

径6.5cm 宽5.9cm 厚0.6cm

白玉质，通体受沁白化。开窗处能见白玉质，器表看似干老枯瘦，轻盘油润可鉴。局部受石灰沁，呈现轻微钙化现象，受沁部分有晶状物析出，真品特征突出。“战螭如龙，汉螭如虎”，此佩当为战国晚期，西汉早期同类佩饰的精品之作，可把玩可佩带，具有重要收藏价值。

龙蛇纹弦纹重环璧（战国）

Carved jade "bi" disc in ring shape with dragon and snake design (the Warring States)

径 9.0cm 厚 0.4cm

横向平行螺纹。高古玉中的弦纹砣琢法通常采用"横砣直磨"工艺完成的，即横向砣琢，纵向抛光。所以，弦纹中可见有宽扁砣轮留下的平行螺纹。少数弦纹因抛光彻底，或受侵蚀可能没此痕迹。所以，做鉴定时应综合考量。

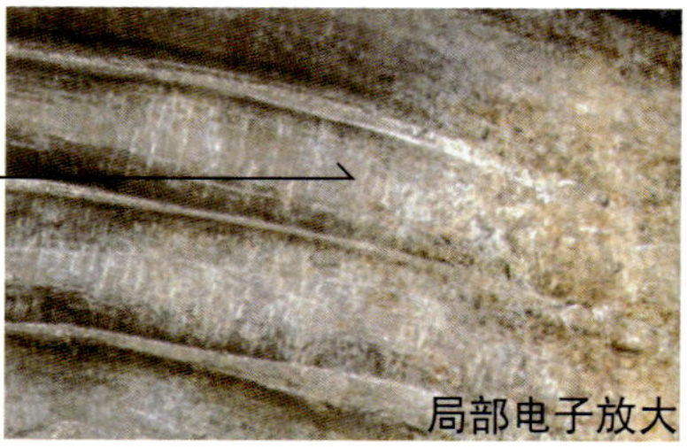

局部电子放大

白玉质。玉质绵密坚硬，温润而枯瘦。器形整体分别受石灰沁、铜绿沁、朱砂沁，受石灰沁部分呈现鸡骨白现象，迎光却能通透；受铜绿沁部分浓淡过渡自然，浓者绿如鹦哥之羽，淡者轻如青烟；弦纹凹槽内有朱砂附着物，成洇状蔓延。朱砂沁严格意义上讲不是沁，因为朱砂性质稳定，对玉质并不会产生受沁变色的影响，只能残留器表。

玉龙呈团身状，龙身细长首尾相接盘成一重环之璧。龙琢卷云鼻，椭圆形目，龙嘴微张，下颌像如意，龙身琢弦纹。弦纹凹槽内有粗细不一，间距不同的横向平行螺纹，此为鉴别战汉弦纹砣琢工艺的重要依据。玉璧内区饰一长蛇，曲体吐信，灵巧可爱。

此璧造型简洁大气，具有战国玉器典型的装饰美。有着重要的研究与鉴赏价值。

双螭纹丝纹出廓璧（战国）

Carved jade "bi" disc in shape of two hornless dragons with bow string pattern in openwork (the Warring States)

高 9.9cm 径 8.2cm 厚 0.5cm

白玉质，玉质致密温润，包浆厚实。全器大部分受石灰沁，局部出现钙化和萎缩现象。萎缩部分伴随次生结晶，这两者堪称高古玉器天然“防伪标志”。开窗处，水澡沁密布玉质肌理，真品特征突出。

人面龙凤镂空佩（战国）

Carved jade pei-pendant in shape of a human face and with dragon-and-phoenix design in openwork (the Warring States)

长 7.1cm 宽 4.2cm 厚 0.6cm

白玉质，开窗见地。表面灰皮浓重，局部风化解理，呈钙化质变现象，器表貌似枯骨，迎光却能通透见地。

佩呈方圆形，龙为主体构件，凤身形细长，仅作附属物，龙凤双目对视，含情脉脉，相拥接吻，作交媾状。龙尾化为人首，凤足化作合什双手，人龙同体，喻意人为龙子，尊贵神秘。此龙实为螭，“战螭如龙，汉螭似虎”，龙嘴阴刻3颗牙，就是战螭的一个主要特征。螭龙饰滴水目，猫耳、龙角后附上卷，龙须似钩；龙身勾框，内填宽扁阳线；前肢如握呈曲肘状叵住人首，霸气而张扬，人首双目圆睁，双唇紧抿，酷似思想者；人首发如丝，饰以好象今天“艺术家”们的“大背头”，看来时尚自古有之。

此器形制奇特，造型颇富想象力，存世极罕，具有重要的文物、艺术价值。

人凤首镂空佩(战国)

Carved jade pei-pendant with a human-and-phoenix head in openwork (the Warring States)

径 7.1cm 宽 5.8cm 厚 0.7cm

200倍局部放大

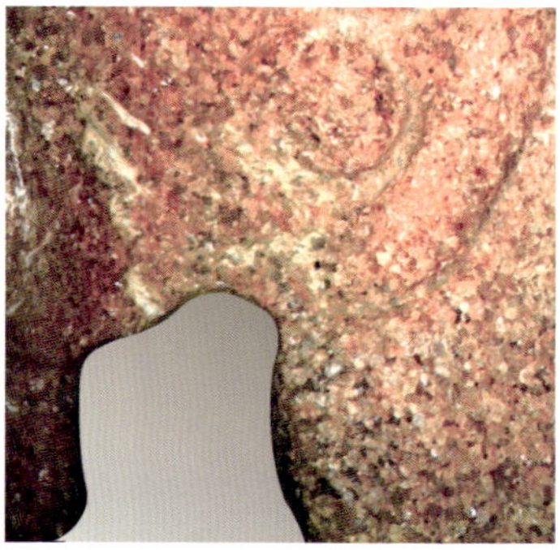

风化现象,有大面积晶体析出。

白玉质,开窗见地。整体大部分风化,沁呈铁锈色,色泽古旧,有次生结晶现象,并伴随大面积晶体析出,随光闪烁,明灭不定;开窗处色泽莹润,宝光内敛。真品特征突出。

佩略呈半圆形,人面眉鼻相连,鼻梁下陷,双唇齿紧抿,椭圆形目,云纹耳;脑门光洁,长发后飘化为弦纹凤身,人物气质淡定,目光悠远,神态安详。凤首盘卷倒勾,琢滴水目,凤喙张开,凤冠后扬3道弦纹翼然展开,根部有3个不规则圆孔,凤一足抵于人首下巴,形如胡须。

此器虽然大面积风化质变,但在10倍镜下,依然能清晰看到弦纹中的砣轮痕迹——平行螺纹。人凤首镂空佩制作精美,形制罕见,从造型和琢工看,应为春秋晚期、战国早期的佩饰精品。

玉鹰形佩(战国)

Carved eagle-shaped jade pei-pendant (the Warring States)

长6.6cm 宽5.6cm 厚1.1cm

青玉质,玉质细腻,手感深沉。器表有较重的灰皮,如初霜降临大地,此沁叫做霜尘沁,实际上是一种风化和氧化现象。灰皮较重的地方,器表已产生质变,灰皮较轻的布盘即失,在热水浸泡几分钟复出,浸泡时间越长灰皮越厚。

玉鹰扬翅展尾,羽端内收,阴刻杏仁目,鹰冠上卷,勾喙缩颈,作侧视状,鹰首双面纹饰相同。翅为三股合束,分为两层,背部饰以规整的羽纹,鹰尾琢弦纹呈"人"字形,弧形回卷。玉鹰主体背面呈弧形结构,中间略鼓,阴刻鹰爪收于腹部,尾琢平行短阴线,表示羽毛。

此佩造型生动,形制奇特,存世极罕,玉质精良,有较高的收藏价值。

玉龙佩（战国）

Carved dragon-shaped jade pei- pendant (the Warring States)

长 15.1cm 宽 1.3cm 厚 0.4cm

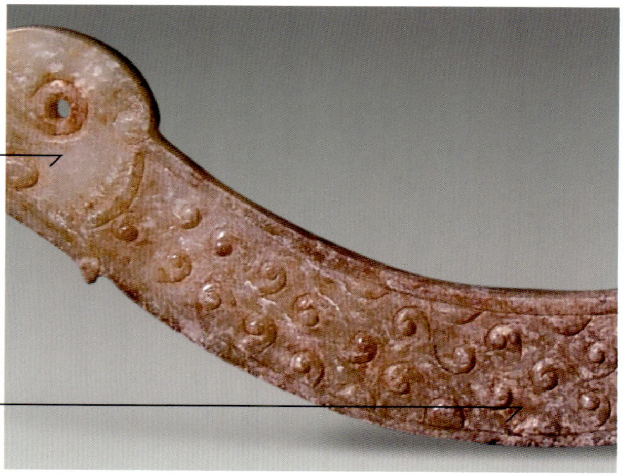

开窗处为白玉质

受水沁，器表异常干老。

白玉质。受水沁和土沁，器表十分干老，有明显的氧化白斑，如霜降大地，积雪初化。10 倍镜下，却能见器表油润。这是高古玉辨伪的依据之一。

水沁，净水能使玉器晶莹、滑润，几百年之内的，呈玻璃质的蓝绿萤光，被称为“澄潭水”；几百年以上表面就长一层水锈，大部分的水沁是污浊之水，所以玉器被染上污浊之气，或被水中矿物质所沁开始长水锈，千年以上水锈能使玉质变得十分干老，此器所受的水沁便是如此。

玉龙佩闭嘴扬鬃，长吻前伸后卷，弯背如弓，钝平尾如钩，周身饰谷纹，规整有序，边缘陡立，剖面为三角形。此龙造型简洁，线条流畅大方，空灵飘逸，时代特征明确，当为战国早期开门器形。

长身回首龙形佩(战国)

Carved long-bodied dragon jade pei-pendant with head looking back (the Warring States)

长17.5cm 宽3.7cm 厚0.4cm

铁质沁,受沁部分深浅不一,过渡有序,真品特征于门。

黄玉质,温润似蜡。受铁质沁,呈赭色调,过渡自然有序,局部产生瓷化现象,真品特征明显。

龙作回首状,首尾相衔;龙嘴微张,云鼻、椭圆形目、钝平角、钝平尾,龙身饰以谷纹,谷纹排列整齐饱满,底子打磨光亮,边沿陡立峻峭,扎手感强。此器造型简洁明快,优雅大方,时代特征明确,其形制和砣琢手法均符合战国玉器特征。

玉镂雕龙凤同体佩（战国）

Carved jade pei-pendant in shape of conjoined dragon and phoenix in openwork (the Warring States)

长10.4cm 宽6.0cm 厚0.7cm

白玉质，玉质细腻，手感深沉。通体受沙坑沁，呈土黄色，盘之沙无。入水浸泡，一层“细沙”复出，此为沙坑沁的重要特征。

战汉时期，龙凤共体的玉雕作品大量出现。作为男权社会下的产物，凤大多作为龙的配角出现，甚至只是龙身的一个部位。这件作品是当时社会情形的一个写照。龙张嘴扬鬃，张口吐纳，凤附庸于庞大有力的龙身之下“谨慎”地“活”着。

龙首用浅浮雕一面坡加阴线手法琢卷云鼻，阴刻椭圆形目；凤首扬冠勾喙，充满张力。周身饰谷纹，边缘陡峭锋利，抚之扎手。战国片状玉器一般仅为0.4厘米左右，此佩肉身厚达0.7厘米，十分罕见。从形状、工艺、沁色上看，均十分开门，是研究战国玉器的标准器形，具有重要的历史和艺术价值。

谷纹龙形佩（战国）

Carved jade pei-pendant in dragon shape with paddy pattern (the Warring States)

长 7.0cm 宽 3.0cm 厚 0.5cm

青玉质。玉质缜密坚硬，温润细腻，局部受白色沁，呈现钙化解理现象。

谷纹龙形佩为战国玉器中典型的形制，也称"S形龙形佩"。龙张嘴扬鬣，卷云鼻，阴刻椭圆形目，平足卷尾，足与尾饰以游丝线，边棱陡立，抚之扎手，断面呈直角三角形；龙身琢谷纹，排列整齐，大而饱满。战国玉器一般充满力量感和紧张感，谷纹大而饱满，汉代谷纹通常小而密集；战国玉器边棱险而陡，汉代玉器边棱较缓，有时剖面成长方形状。

此器用料精良，色泽美丽，小巧可爱，龙身琢有喇叭形圆孔，可供佩挂。

玉镂雕龙凤佩（战国）

Carved jade pei-pendant in shape of dragon-and-phoenix in openwork (the Warring States)

长 9.6cm 宽 4.3cm 厚 0.4cm

白玉质。包浆厚实，手感深沉，局部受黑色斑点沁，沁斑沁入玉理。玉器因受沁筋脉毕现，玉质有明显解理现象，器表有晶状物析出。10 倍镜下，表面解玉砂抛光的特有凹陷坑，及粗细不一的无规则短阴线；管钻及线割特征明显。

此佩为战国龙凤佩的标准器形，面世较多，品相开门。

玉镂雕龙凤纹佩（战国）一对

A pair of carved jade pei-pendant with dragon-and-phoenix pattern in openwork (the Warring States)

长 10.3cm 宽 4.8cm 厚 0.4cm

青玉质。玉质温润致密，器表油性强，此系高古玉器中所称的“油坑品”。器物上“油”来自坑中的油质品，或坑土位于石油层附近所致。局部有土沁深入肌理，并有轻微瓷化现象。真品特征突出。

龙凤复合体是战国玉器的一个经典造型。此器龙闭嘴扬鬃，阴刻椭圆形目，尾为凤首，尖嘴平足，气质豪放。龙身主体两道粗细不一的阴刻线贯穿始终，左右饰以解玉砂琢磨出的网格纹，器身留白空间多，给人以清新疏朗之感。10 倍镜下，可见“光洁”的器表有解玉砂抛光的凹陷坑痕迹，及无规则短阴线。

玉镂雕螭凤佩（战国）

Carved jade pei pendant in shape of hornless dragon and phoenix in openwork (the Warring States)

长 11.0cm 宽 4.6cm 高 0.5cm

青玉质，致密温润，质感肥、厚、熟，华光内蕴。受土沁，器身密布土门点，局部有饭糁和芝麻点，真品特征突出。

此螭肥壮结实，张嘴露齿，下颌如钺，杏目出梢，尖耳附项后插，平足卷曲，龙尾化为凤首；凤饰圆形目，凤喙内勾，凤冠后扬。龙身呈“S”形，边沿琢阴线，内缘阴刻云纹和变形云纹，内填网格纹。通常此类佩饰的器身往往饰浅浮雕谷纹，或勾连谷纹，并呈扁平状，而此器中间略鼓，融阴刻和浅浮雕于一体，纹饰精美细致，应为战国龙形佩精品之作。

玉镂雕龙凤佩(战国)

Carved jade pei-pendant in shape of a dragon and a phoenix in openwork (the Warring States)

长 11.0cm 宽 4.4cm 高 0.5cm

玉质有瓷化现象，筋脉毕现，层层叠叠，过渡分明。真品特征突出。高古玉中的筋脉一般为片状分布，新玉的玉筋为线状分布。

青玉质，质坚致密，蜡脂感强。受白色沁，玉质有瓷化现象，玉筋毕现，层层叠叠，过渡分明。

战国龙形佩有“张嘴为螭，闭口为龙”之说，此佩为战国龙形佩典型器之一。龙身呈“W”形，龙嘴闭合，阴刻椭圆形目，方唇卷鼻，龙鬃后扬，平足卷曲；龙尾化为凤首，凤饰圆形目，凤喙内勾，凤冠卷而后扬；龙嘴和凤喙有管钻圆孔，放大镜下能见不规则螺纹痕迹。边沿琢阴线，内缘阴刻云纹和变形云纹，内填网格纹。整器干净流畅，线条富有张力。

龙形佩（战国）一对

A pair of carved dragon-shaped jade pei-pendant (the Warring States)

长 12.2cm 宽 5.4cm 高 0.4cm

青玉质，质地缜密，迎光通透，器表灰皮密布，如大地初霜；10 倍镜下，灰皮如胶似乳，油润厚实，灵动顺滑。

此佩呈剪影式，边沿锋利，抚之扎手；器形规整大方，线条流畅，以细阴线勾框，器身几近光素，仅在龙腹饰以勾连云纹，这种手法称为“半工”，战国、汉代龙形佩多有类似器形。战汉时期流行厚葬，工艺相对简单的“半工”玉器应为随葬品。龙首至尾足有一道横线，老一代的收藏家称之为“汉渡”，战汉时期的不少片状器形均出现过此线。有人认为这是古代玉工在开片取料时留下的拉锯线；坊间还认为，拉锯线是陪葬品的标志，是明器。古人深知自己入土后不可能长久“为安”，于是在无奈中作此记号。结合“半工”手法，笔者认为后者说法应该较为可靠。

此佩时代特征明确，有重要的学术研究价值和文物价值。

双龙双凤纹璜形佩（战国）

Carved jade huang-pendant with the design of two dragons and phoenixes (the Warring States)

长8.4cm 宽4.8cm 厚0.6cm

白玉质，战国特有的玻璃光抛光工艺，边锋峻峭，握之扎手。通体受桃红沁，或为朱砂，或受红色织物所沁，沁色深入肌理，如血丝似红斑，宝光内蕴，异彩毕现。10倍镜下，能见外小内大的明显沁门，真品特征显著。

璜形佩虽然器形与上古的璜相似，但风格已经发生很大的变化，成为贵族专用的佩饰。双龙首璜、双螭首璜，以及璜体上下附加龙凤纹，这些特征几成战国璜的定式。

在战国玉器中，有关龙与螭的区别，一般说来张口为螭，皆琢一獠牙，下颏如钺；闭口为龙，龙嘴通常闭合，或微闭，无齿，如意形卷云鼻。收藏界有时并没有细分，把“双螭首”称为“双龙首”，习惯所至也说得通。此璜主体为双螭共体，周身琢谷纹，纹饰精致，谷纹饱满规整。螭头张嘴露齿，獠牙对钳，滴水形目，眼角出梢；璜体上下各饰联体凤纹，呈如意形状，器形简约而有张力。璜形佩因属贵族贴身佩带之物，所以这件璜工艺水平相当高超，用料、做工均属上乘。

俗语说，玉得桃红沁，胜似十万金。此璜工精、质佳、沁美，时代特征明确，具有重要的审美收藏价值。

双龙首鹰形璜（战国）

Carved eagle-shaped jade huang-pendant with two dragons' heads (the Warring States)

长12.7cm 宽5.0cm 厚0.5cm

和田青玉质，玉质缜密，器表为典型的战国"玻璃包浆"，局部有瓷化现象。

龙身饰以阴刻网格鱼鳞纹，古拙大方。综观我国古玉发展史，作为礼器之一的璜在"六器"中占据重要位置，《周礼》有"以玄璜礼北方"。所以，举凡璜这种器形无不制作精美，庄重大气，它一经出现便是"官窑"之作。

双龙首璜（战国）

Carved jade huang-pendant in shape of two dragons' heads (the Warring States)

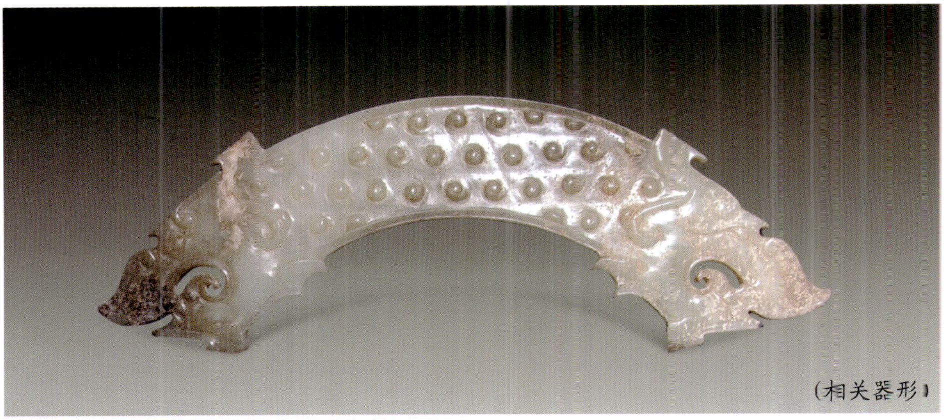

（相关器形）

玉镂雕双犀首出廓衡（战国）

Carved jade "heng" with double rhinos' heads in openwork
(the Warring States)
长13.7cm 宽6.0cm 厚0.6cm

青玉质，通体受水沁，器表有水锈斑，十分干老。开窗处能见玉质莹润，种头极佳，饭糁密布肌理。生坑特征明显。

衡是古代组佩之一，起到平衡作用，故称“衡”。此衡造型奇特，主体饰谷纹，犀双首共体，细看犀首头中有头，为犀为凤一时难辨，犀的上颌分明像是凤首，花冠后扬上卷。犀琢杏仁目，作回首状，独角分叉，一叉后卷形成下出廓，张嘴露牙尖喙下勾，下颌回卷，花冠后扬；粗壮的前足踏于衡体，后足化为上出廓，舒卷自如。

此器形制恢弘犀利，工艺精湛，存世稀罕，为战国玉器珍品之作。

双犀首冠状衡(战国)

Carved cornal jade heng in shape of two rhinos' heads (the Warring States)

长10.6cm 宽5.0cm 厚0.5cm

青玉质。玉质如脂如胶,温润致密,包浆厚实。局部有灰皮,及深入肌理的褐色沁斑。

犀双首共体,琢滴水目,作回首状,三角形云纹角,鬓毛后扬呈钝平状,张嘴吞翼,下颌如钺。犀足变形为两只钳状半圆体出于体外,衡体下出廓处琢花草纹,上方立一冠状物,应为提衡穿佩之用。此器边缘陡立,抚之扎手,衡身谷纹稀疏而饱满,排列规整而合章法。全器造型简约大方,精美而充满力量,诚为战国玉衡精品之作。

玉龙首觽(战国)

Carved Jade "xi" in shape of a dragon's head (the Warring States)

长14.0cm 宽2.1cm 厚0.4cm

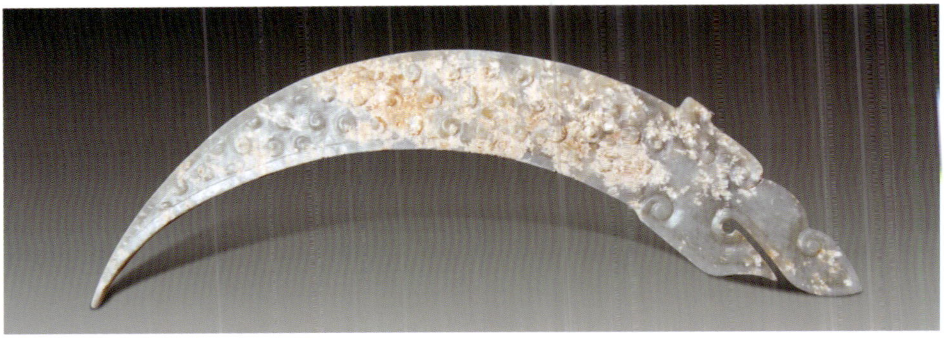

青玉质，整体受沁，有严重土蚀和次生结晶现象，开窗处玉质温润。

玉觿又称玉冲牙，原型为食肉动物的门牙。旧石器时代，动物门牙已经作为装饰物佩挂在古人脖颈上，用于辟邪，代表力量与美感，兼作解绳工具。此器呈规则弧形，尾部尖平厚不足1毫米，龙嘴微张，卷云鼻，阴刻椭圆形目，

鬓角后扬成钝平状，立边陡立，抚之扎手，谷纹稀疏饱满，符合战国玉觿特征。

兽面纹扁勒（战国）

Carved jade "lezi" in flat shape with beast face pattern (the Warring States)

高5.7cm 宽4.8cm 厚1cm

青玉质。玉质温润，包浆厚实老到，手感润滑。勒子受石灰沁，灰、褐沁色浓淡相宜，过渡自然，局部深入肌理，生坑特征明显。

此器整体呈长方束腰形，腰间有凹凸齿脊，上下端略带弧度。两面纹饰相同，器面两浅浮雕饕餮纹相背出现，周边填以对称云纹、肢解龙纹，主体纹饰对称。饕餮纹形状生猛，阴刻线组成的双眉上挑，椭圆形目，鱼鳞纹鼻，如意唇。下端两旁有尖状物出戟，抚之扎手，为饕餮的獠牙。与主体图案相背的饕餮纹浓眉高挑，鬓角上扬，椭圆形目。

扁勒是战国勒子家族中，最具典型性和代表性的器物，或为组佩的“零件”，或单独佩系，它们形制不同，创新迭出，兀立于人们视野中。此扁勒沁色优美，肉身肥厚，器形大气豪放，不愧为战国勒子中精品之作。

云纹扁勒(战国)

Carved jade "lezi" in flat shape with cloud pattern (the Warring States)

长6.8cm 宽2.3cm 厚1.2cm

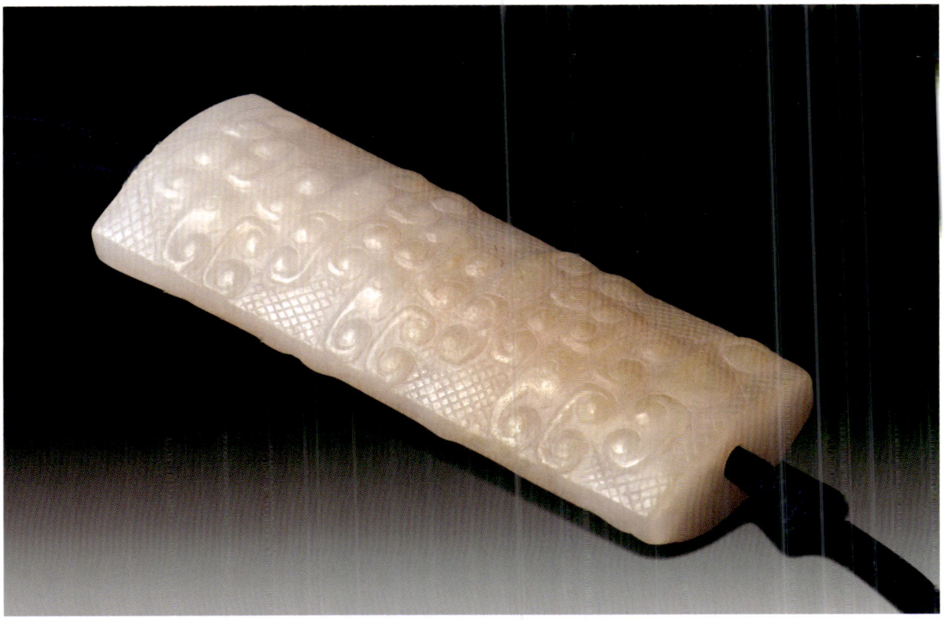

(相关器形)

和田羊脂白玉。玉质细腻,如羊之截肪;受黄土沁,沁色过渡自然精美,形成备受收藏界推崇的"洒金黄"。

云纹扁勒当为战国组佩之一,装饰感强,主体纹饰为云纹和变形龙纹,网络纹打地。整体纹饰看似繁缛,却层次分明,错落有致。铁器加解玉砂管钻打孔,定位准确,孔径呈不规则椭圆形状,孔内有粗细不一螺旋。

此器时代特征明确,为战国扁勒家族的经典之作,其质佳、工精、沁美,具有重要的艺术价值。

饕餮纹鼓勒(战国)

Carved drama-shaped "lezi" with beast design (the Warring States)

高 4.2cm 径 2.7cm—3.5cm

白玉质,呈蜡脂光感,淡赭色沁,底部有轻微土蚀状态,皮壳厚实,沁色过渡自然,深入玉理。

战国时期铁器在生产领域广泛运用,琢玉工具有了较大的发展,已经使用金属薄壁管钻。这一时期,诸侯争霸,雄心勃勃,“宅中图大”,见锋挺险的大气手法体现在琢玉工艺上。战国时期玉勒有圆柱、扁形、束腰等形状,但直径如此之大的鼓形玉勒却甚为少见。此勒采用浅浮雕饰以饕餮纹,恍若一面战鼓。或许,这正是战国将士们一鼓作气、冲锋陷阵的再现。

云纹扁勒（战国）

Carved jade "lezi" in flat shape with cloud pattern (the Warring States)

高 7.5cm 最宽 2.5cm 厚 1.1cm

青玉质。包浆厚实老到，局部受石灰沁，有瓷化现象，沁色过渡自然，深入肌理，生坑特征明显。

此器呈梯形，四周有凹凸齿脊。两面纹饰相同，器面饰浅浮雕云纹，上下有圆形管钻直孔供穿系。

琮形三节方勒(战国)

Carved square jade "lezi" in cong shape with three pairs (the Warring States)

高5.2cm 上宽1.4cm 下宽1.8cm

白玉质。玉质致密,受石灰沁和褐色沁,生坑特征明显。此器呈琮形,分3节,每节以网格纹打底,饰以浅浮雕云纹,上下有圆形管钻直孔供穿系,孔口定位准确,孔内有大小不一,粗细不一的螺旋纹。三节方勒形制奇特,存世较罕,为战国玉勒精品。

玉琮(战国)

Carved jade cong (the Warring States)

高2.7cm 射径4.6cm 孔径3.1cm (大)

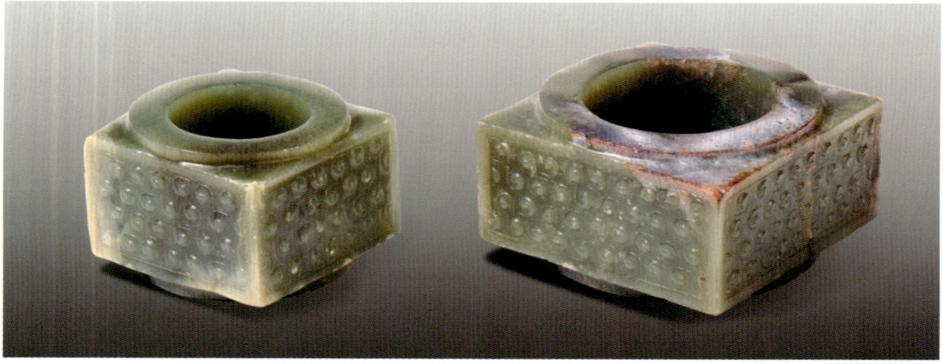

青玉质,玉质致密,如脂似蜡。器表受紫色沁,受沁部分已质变;器形局部有土格现象,白色饭糁遍布肌理。

外方内圆的玉琮为先秦时代"六器"之一,《周礼·春官·大宗伯》载:"以黄琮礼地",古人认为,琮是沟通天与地,实现人与神对话的神器。从良渚文化到商代是玉琮生产与使用的鼎盛时期,西周开始逐渐衰落;春秋以后,玉琮一般作陪葬品,或作为观赏把玩器。

此琮射短,体矮,为典型的战国观赏类玉琮形制。玉琮四面边缘陡立,棱角分明,抚之扎手;孔道磨光细腻,管钻定位准确。方框内饰以谷纹,谷粒饱满,打底平整精细,具有强烈的战国时代琢玉特征。此器工艺精良,时代特征明确,为战国玉琮精品。

勾连谷纹玉环(战国)一对

A Pair of carved jade rings with paddy pattern (the Warring States)

直径6.5cm 孔径5.7cm 厚0.4cm

白玉质。玉质细密,精光内蕴,包浆厚实。器物受水沁,有白色灰皮和芝麻点沁斑,器表呈甘黄色调。

玉环起源较早,距今有七八千年历史。玉环的形态给人以柔美、和谐、和好的感觉,古人取其谐音“还”,用它象征送还、归还之意。环,也是一种团圆的信物。此环亦称为镯,断面为鼓状,环面略鼓,饰以勾连谷纹,纹饰精美华贵,谷纹饱满齐整,抚之有扎手感,内缘光素无纹,边沿犀利。战国玉环以玉镯形态出现的并不多见,以一对同时出现更难能可贵,这对玉环古朴典雅,工艺精湛,品相完好,时代特征明确,是研究战国佩饰物的直接实物依据,具有重要的文物价值和鉴赏价值。

玉琥（战国）一对

A pair of carved jade tigers (the Warring States)

长12.6cm 宽4.3cm 厚0.5cm

青玉质，玉质致密，包浆老到厚实，精光内蕴。局部受土沁，沁色深入肌理，伴有轻微钙化现象，生坑特征明显。

此佩为战国琥形玉佩标准器形，与河北省平山县中山国一号墓出土的玉琥相似（参考1），时代特征明确。玉琥作片状弓身形。虎头呈方形齿状凸出，钝平虎尾上翘贴臀，琢椭圆形目，虎口微张，蜷足塌腰。双面以卷云纹、绳纹、节状纹为装饰，象征虎的皮毛、花斑。玉虎造型抽象夸张，装饰性较强。

在战国同类型玉琥中，此器造型较大，工艺精致，这种玉琥存世极少，以成对出现的更是弥足珍贵，具有重要的艺术价值和文物研究价值。

参考文献1、《中国古玉图典》195页 古方著 文物出版社

玉犀牛（战国）

Carved jade rhino (the Warring States)

长 12.8cm 宽 6.1cm 厚 1.1cm

局部电子放大

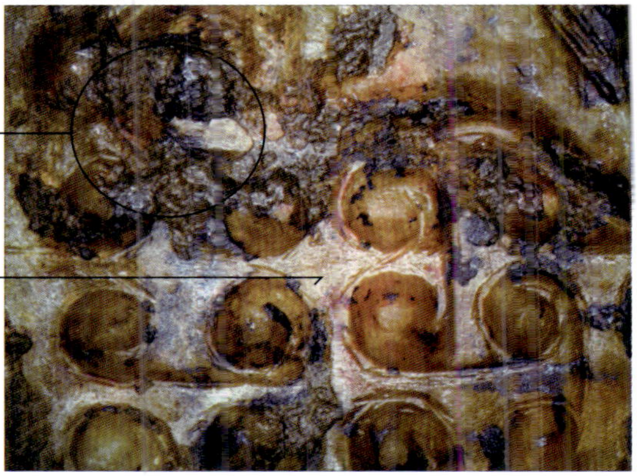

白玉质。玉质致密温润，手感深沉，皮壳厚实，包浆老到自然。器表被赭色物质粘连，十分牢固。10 倍镜下能见这些附着物分别是青铜绿锈、铁锈物、砂质等，长吻有钙化现象。由于受到多种物质浸渍，器表呈现黄色沁。

玉犀牛两角，拱背卷尾，屈足前行，腿琢平行短阴线，长吻上扬回卷，滴水目，艮角出梢。背琢齿脊，呈半圆形状。尾部琢弦纹上卷分叉贴于背部，线条大胆豪放，极富张力。器身主体上琢浅浮雕勾连云纹，排列整齐有序，仿佛满天繁星。

此器造型夸张，工艺极为精湛，尽显战国玉雕和创意之精髓。战汉时期的玉犀多为片雕，类似的高浮雕器物至今尚未发现，存世仅见，诚为民间国宝。

玉犀（战国）

Carved jade rhino (the Warring States)
长 11.0cm 厚 0.5cm

战国玉器无论器面、边角或是布局，均设计得当，通体皆灵，充满了强烈的动感和勃勃的生机。其实这种奋发的气势和艺术的活力，也是战国时代的精神所在，战国人的气质、思想、文化使然。

这件玉犀就是一个证物。此器为和田白玉质，玉质缜密温润，包浆厚实，精光内敛，为战国玉犀的标准器。此器物表面有浆状白色氧化物，盘之复出，挥之不去，这是鉴定高古玉真伪的重要证据之一。

举凡造假者，所出器物大抵为“残、脏、旧”。而真正的战汉高古玉一般都采用上乘的和田玉料，所谓“好玉不受沁”，它所呈现的现象是“干净”的，即使受满沁也依然能给人“熟”、“净”之感。这件玉犀干净如新，包浆厚实，是又一个明证。

玉犀在战汉时期均有出现，外形区别不大，皆弓身拱背，滴水目，造型如璜。唯汉代玉犀长吻和卷尾形成左右对称，更似玉璜。此器后足更为壮硕，卷尾开叉，重心偏后，呈如意形，边锋峻峭，由此断为战国器物。

回首羊（战国）

Carved looking-back jade sheep (the Warring States)

长 7.7cm 宽 2.4cm 高 4.3cm

棕红色沁，沁色深入肌理。

受地质因素影响产生的“土格”现象

青玉质，玉质细腻温润，受铜绿、棕红色沁，沁色深入肌理；灰皮如霜凝大地，浓重厚实，与其接触的器面产生质变，生坑特征明显。

玉羊作蹲伏回首状，琢猫耳，“C”形角，角弯如钩，鼻似蒜头，目如水滴，眉鼻相连。玉羊神态安详，身材修长，身披飞翼，翼分三羽，后肢翼毛后卷，呈“C”字形，尾饰细阴线火焰纹。此羊融写实与写意于一体，亦真亦幻，生动传神，是战国圆雕精品。

天狗（战国）

Carved jade devouring dog (The Warring States)

长 11.5cm 高 5.7cm 宽 3.6cm

和田白玉质。致密坚硬，质若凝脂，手感深沉，种头极佳。玉质大部分呈现“豆花沁”现象，真品特征突出。

豆花沁是从玉质内部开始出现片状白化的现象，看上去像是豆腐脑；饭糁是玉质中的点状白斑，像饭粒未熟，饭糁与豆花是白化（钙化）的初步形态。古玉老化的过程通常是这样的：饭糁—豆花—局部白化（钙化）—通体钙化。

天狗体形修长俊逸，双耳上竖，双目圆鼓，引颈露牙，舌抵上颌，作爬行状，似蓄势待发；一侧两肢蜷伏，一侧两脚后蹬，四肢各琢短阴线，动感十足，身躯两侧各披三道弦纹代表飞翼；弦纹末节与尾部连为一体，长尾上卷形成钩状。

此器工艺精湛，华美大气，造型生动，形制奇特，有极高的艺术感染力和收藏价值，堪称战国圆雕神兽题材的瑰宝。

飞翼兔（战国）

Carved jade rabbit with wings (The Warring States)

长7.6cm 宽3.1cm 高3.2cm

石灰沁。灰皮之下"红晕"隐约，此器稍经盘玩即可出现"孩儿脸"色彩。

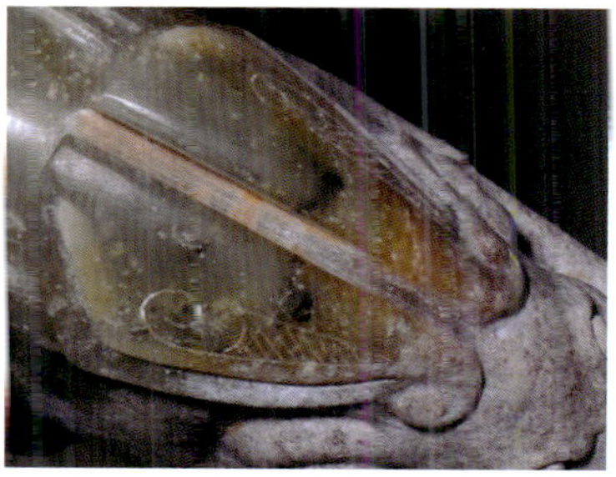

碧玉质，玉质致密温润，华光内敛；受石灰沁，器表灰皮浓重，灰皮之下"红晕"隐约，此器稍经盘玩即可出现"孩儿脸"色彩；局部有黑色"芝麻点"；受铁质沁质变现象明显。

玉兔前肢平伸，后腿蹲伏作匍匐状，身披双翅，翅琢节状纹；额生螺纹角，杏仁目前视，鼻梁下垂，"八字"形兔唇紧抿，神情轻松喜悦；背顶三角形双层兔耳，耳饰三角形网格纹，宽平尾尖短上翘。此兔造型惟妙惟肖，融浪漫主义和写实于一体，让人不禁想起《木兰辞》中的"雄兔脚扑朔，雌兔眼迷离；双兔傍地走，安能辨我是雄雌？"

数千年时光更迭，今天我们同样无意考证雄雌，但此器留下的艺术感染力，却让我们悸动不已，回味良久。战国的圆雕玉兔如凤毛麟角，如此生动传神的精品更是难得一见。

神兽背朱雀(战国)

Carved jade in shape of a god beast with a red phoenix on back
(The Warring States)

长10.3cm 宽3.0cm 厚4.7cm

黄玉质。玉质看似柔嫩,实则密度极大。原因是,玉石结构越细密,硬度越高,抛光后表面越润泽,上好的玉料尤其如此。这块玉料独占“净、肥、温、润”几大特征。玉器受铁质沁,赭红色沁,过渡自然,或如丝如缕浮于表,或似朱砂撒土沁入肌理,刀痕处白色氧化物析出,星星点点。

此器为兽鸟同体,主体为独角神兽,似犀非犀,似马非马。由于儒家的道德观和神性的交融,战国圆雕出现了以“神兽”为题材的“四不象”形象,有的似虎不是虎,似牛不是牛,似穿山甲却又有猪的元素。这些神兽造型夸张,想象力丰富,却有浓厚的现实基础为依据,其布局有序,边角方圆适度,各种纹饰交代清楚,线条大气洒脱,这件圆雕作品就是一个依据。神兽塌腰蹲足,兽首低垂,琢椭圆形目,双耳挺立,独角下勾,作行进状;兽嘴似马嘴,琢半圆形上唇,与短促的下唇形成一个内斜截面;兽身阴刻云纹、流云纹,绞丝纹兽尾拖地,卷成一个髻形物。兽背上立一只朱雀,神态详和,静谧如眠,两者动静结合,刚柔相济,十分和谐。

朱雀在中国传统文化中与青龙、白虎、玄武同列上古四大神兽。它是一种红色的类似于鸟的生物,似凤凰如锦鸡,五彩羽毛,身覆火焰,终日不熄。根据五行学说,它是代表南方的神兽,代表的颜色是红色,代表的季节是夏季。神兽背朱雀喻意深刻,似乎在传递一种不为人知的吉祥信息,令人揣摩沉思。此器物,从玉材到工艺均堪称一绝,存世极罕,当为民间国宝。

玉鹅（战国）

Carved jade goose (The Warring States)

长10.8cm 高5.7cm 宽3.0cm

白玉质，玉质致密温润，包浆油润厚实，华光内蕴；通体受石灰沁，开窗见地，局部钙化明显，器表残留石灰附着物，器底出现“唐烂斑”严重侵蚀，土蚀孔伴有次生结晶现象。真品特征开门。

玉鹅蹲立曲项，长嘴微张，作觅食状；鹅首饰卷云耳、圆眼，颈部至腹部之间琢羽毛纹；双翅收敛贴身，翅有边线勾框，如扇形上收，内填两组并列羽翅纹，翅根呈方形。此器工精、质佳，同类器形罕见，具有重要的艺术研究价值。

玉鸭（战国）

Carved jade duck (The Warring States)

长 7.4 cm　高 5.1cm　宽 3.9cm

白玉质，通体受石灰沁，开窗见地，器表轻微钙化，有晶状物析出，迎光熠熠生辉，生坑特征明显。

鸭嘴闭合。呈站立状，掌琢三趾，仰首翘尾，翅膀琢鳞纹和羽翅纹，翅尖上扬。此鸭造型形象逼真，高度写实，同类器形极为罕见，弥足珍贵。

阴阳人面纹玉凤鸟(战国)一对

A pair of jade phoenixes with a yin-yang human face design (The Warring States)

长8.6cm 高7.1cm 宽3.6cm(大)
长8.4cm 高6.7cm 宽3.2cm(小)

瓷化现象

白玉质,小者为雌鸟,头部和尾部受褐色沁和铁质沁,沁色过渡自然,有瓷化现象,这种现象是高古玉中的"防伪标志",任何造假者都无法仿冒;雄鸟整体受沁,玉质发生质变,有黑色点状沁斑,生坑特征明显。

两只凤鸟胸部各阳琢、阴琢人面纹。凤鸟背琢羽翼,翼分6层,呈平行状下勾对衔,羽毛上琢短阴线,富有立体感。此器造型奇特,琢工精细,战汉时期的圆雕极具收藏价值,成对的圆雕作品更为难得,具有重要的文物价值和收藏价值。

玉龟（战国）

Carved jade turtle (The Warring States)

长 8.1cm 宽 5.1cm 厚 2.0cm

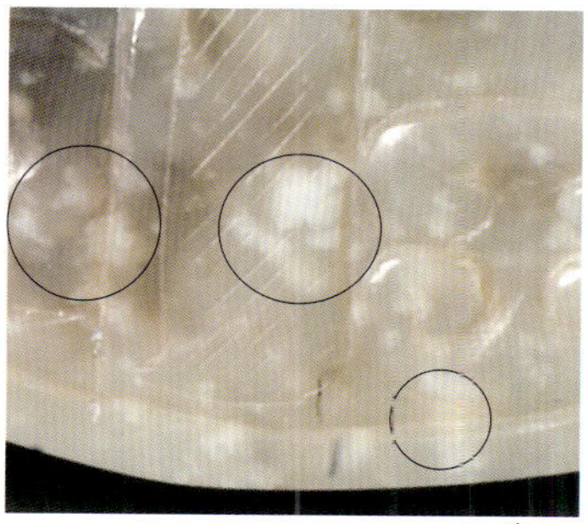

豆花沁

铁质沁

年糕状

战国时期，随着铁器在生产领域广泛运用，玉雕工具和碾玉技术得到了前所未有的改进，玉雕业得到了空前的发展，进入了自商、周以来的另一个高度繁荣时代。在百家争鸣的思想学术背景下，玉雕工艺出现了一片欣欣向荣的景象，玉雕作品一扫几千年平面化、简单化、一味求形似的风格，精雕细刻、生动传神，神兽和写实的动物造型大量出现，渐渐成了主流。

玉龟为黄玉质，玉质温润，龟背受褐色铁质沁。此器腹背通体呈“豆花”沁现象，豆花沁是从玉质内部开始出现白化，看上去就像漂在汤中的豆花。古玉老化的过程是这样的：饭糁、豆花、局部白化、通体白化、钙化。豆花实际上是一种古玉失水现象，是水沁中的一种。

以管钻琢出的龟首呈如意形，以大斜刀手法琢出四足细部。龟背分别琢兽面纹、云纹和方角云纹。此龟四肢平伸，昂首作爬行状，气势紧张，刀法爽利，造型逼真。战国写实主义动物颇多，唯玉龟甚为罕见。此玉龟当为一件特殊器，具有重要的艺术价值和文物研究价值。

圆雕玉神兽（战国）

Carved jade altorelievo in shape of a god beast (The Warring States)

长 8.9cm 宽 5.2cm 高 3.7cm

通体受石灰沁，却无白化和钙化现象，稍经盘玩便能开窗见地。

《礼记·玉藻》云："古之君子必佩玉……君子无故，玉不去身，君子与玉比德焉"。

战国时期，爱玉用玉成为社会风尚，玉器的品种不断扩大，这个时期的玉器工艺达到非常精致的高度，制玉手法有平雕、浮雕、透雕、镂雕、圆雕、游丝毛雕、阴刻、错金、镶嵌、钻孔等。一些玉器的气度和工艺的精细程度是后世无法企及的，成了琢玉史上的一座高峰，令人高山仰止。

这件圆雕玉神兽便是一个杰出的代表：它俯首觅食，如意纹尾，尾饰勾连云纹、网格纹；四肢收屈强健有力，蓄势待发。圆眼鼓起，眼后高浮雕管钻为耳，似太极中的"双鱼图"。双目之间，琢凸起"盾牌"中间棱线锐利而分明，两侧饰以阴线云纹，阴线转折处联接痕迹明显，均为砣轮以直取弯的"走线"特征；盾牌直贯前部化为如意形兽嘴。

此兽通体受石灰沁，却无白化和钙化现象，稍经盘玩便能开窗见池。神兽形态拙朴可爱，造型比例准确，雕琢工艺复杂，是神兽系列的精品，堪称战国玉器中经典之作。

圆雕玉神兽（战国）

(Related Jade Ware) Carved jade altorelievo in shape of a god beast (The Warring States)

长 9.2cm 宽 5.4cm 高 3.2cm

（相关器形）

青玉质，质坚地细，包浆温润。通体受褐色沁和黑色沁，沁色深入肌理，过渡有序，局部已质变，有瓷化现象。生坑特征突出。

四不象神兽（战国）

Carved jade god beast in shape of a milu deer (The Warring States)
长 7.8cm 宽 4.cm 高 3.5cm

白玉质，玉质致密，华光内蕴。通体受沁，器表土门点密布，豆花沁和饭糁深入玉质肌理，深浅不一，过渡有序；局部受褐色沁，轻度质变。

战国圆雕玉神兽以其丰富的想象力，绮丽无比的造型艺术，融夸张与写实于一体，树立了中国雕刻史上的一个高峰。这件作品便是一个杰出的代表：它形如河马，此马却非彼马；头顶蘑菇状双目，角如吴钩出鞘，耳似明月弯刀；头与地平，嘴如半圆，微启露齿吐舌；鼻饰云纹，尾像如意，腰箍绞丝纹。四肢强健有力，前肢琢有飞翼，四腿饰有绒毛，双乳拖地悠然前行。

神兽构想有如神来之笔，形态拙朴可爱，造型比例准确，雕琢工艺复杂，是神兽系列的精品，为战国玉器中经典之作，具有重要的艺术价值和文物研究价值。

穿山甲神兽(战国)一组4只

Carved jade god beast in shape of pangolin 4 pieces/set(The Warring States)

长 8.8cm 高 3.9cm 宽 3.3cm

白玉质，玉质细腻温润，如脂似蜡，华光内蕴。4只神兽器形相同，大小一致，纹饰类似，却受到不同的沁色，呈现不同色彩，有的受石灰沁整体鸡骨白，伴随瓷化现象；有的受铁质沁和其他沁色，色泽斑驳复杂；有的受铜沁蔓延，色如青玉，质像皮蛋；四兽玉质肌理均有点状或絮状饭糁。

玉兽外形像穿山甲，却非穿山甲，作低首爬行觅食状，宽尾后束尖而翘。兽琢四肢，每肢五趾，曲足收于腹下；管钻圆眼，尖角卷云耳，猪鼻，嘴后有管钻圆孔，孔径略呈椭圆形；兽背琢宽阳线勾框，各填五组平行羽鳞纹，代表鳞片。

此兽憨态可掬，形象生动，琢工精湛，沁色美丽。战国圆雕本来极为珍罕，而能以一组4只同时面世，更为难得，当为民间国宝。

玉坐熊(战国)一对

A pair of carved jade sitting bears (The Warring States)

高7.8cm 深4.5cm 厚2.8cm

杆钻孔　　土格现象

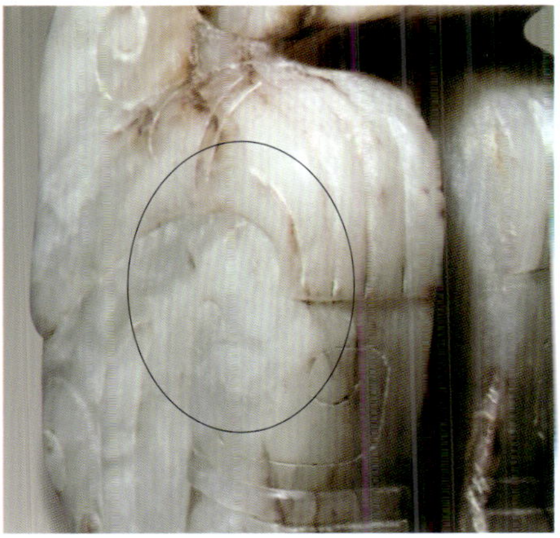

白化现象过渡有序，此乃真品的重要依据。

白玉质，玉质致密温润，包浆厚实，状如年糕，如脂如胶。一只呈现青绿色，另一只呈现乳白色。青绿者，受到铜绿沁浸入，色彩发生蔓延状态，开窗处能见白玉质；白者，一面已轻微钙化，另一侧饭糁充满肌理。

高古玉中沁色蔓延，特别是铜绿沁蔓延并不为人们关注，不少人在说明玉质颜色时，总是以受沁后的颜色作为玉质的本色，似乎这样更容易为人所接受，其实是一个误区。比如，古人在制作这对玉熊时，基本不可能使用两种不同颜色的玉料。那么，如何鉴别古玉玉质的本色？除了传统观察开窗之地外，还有两种方法：一是通过光照法，观察器形较薄地方的玉质颜色；二是观察玉质主色调深浅是否一致，如若不一致，极有可能是沁色的蔓延。

这对玉坐熊的造型似商代玉熊，但其纹饰和工艺却是战国后期常见的。三熊头部微抬，长嘴前伸，眼视前方，其腿屈踞，两前爪抚膝，作聆听状，憨态可掬。熊琢变形“臣”字目，方形耳，耳孔格呈喇叭形，孔内留有台痕，以及粗细不一，大小不一的螺纹痕迹。这种喇叭孔是先用管钻定位，再用杆钻扩孔留下的痕迹，战国圆雕的喇叭孔多采用这种方法。玉熊饰卧蚕纹、云云，足分五趾，颈部有牛鼻孔，孔径仅1毫米。

此器真品特征开门，玉质精良，造型拙朴，是战国晚期西汉早期的圆雕精品，有较高收藏价值。

汉 代 Han Dynasty

（前206年～220年）

(From 206 B.C. To A.D.220)

一

汉代是中国文化史上的一个黄金时代。此时，国力强盛、疆域辽阔、经济繁荣，西域交通顺畅，大量的和田玉在叮当的驼铃声中，源源不断流入中原。汉代玉器"娱人"化程度进一步加剧，进入了一个更为大胆创新的"自我"领域。除了部分玉器形制雷同外，大多纹饰精致繁缛、造型绮丽的独特器形，它们像一面面个性张扬的旗帜，高高飘扬在两汉的历史天空下。

汉代的历史经过西汉（前206年~8年）、新莽（9年~25年）与东汉（25年~220年）3个发展阶段。本书所介绍的玉器两汉兼有，西汉器形居多。

了解汉代玉器首先必须掌握汉代的历史和文化背景。汉代是一个继往开来的时代，在学术与文艺方面上承先秦，不同地区的文化兼收并蓄，开时代之新风。从西汉到东汉，先秦诸子的学说思想都受到不同程度的重视。虽然有"罢黜百家，独尊儒术"之说，但事实上在汉代人的观念意识中决非儒家独鸣，而是多种观念错综交织，儒家的人伦道德与道家之荒忽之谈并行不悖，经学纬学并治，阴阳之学盛行，并由阴阳家而变为谶纬迷信。因此，我们在汉代的艺术中看到的是现实世界与冥界、仙界交杂并陈，生人、死者共置一处，或许这正是所谓"通天地人曰儒（意思是，儒能通天、地、人）"思想的体现罢。

汉代同时是一个现实主义与浪漫主义并存，雄放与婉约同在的社会。一种囊括天下、吞吐宇宙的创造性心态，使汉人超越一切外在的束缚，自由、洒脱，热情洋溢地享受生活，这种开放性的心态直接影响到玉器艺术上。在这个时期，一方面是儒家思想中"君子贵玉"的传统得到了继承和发扬；另一方面，汉人从帝王到一般贵族均"视死如生"，他们笃信生命轮回，长生不死、羽化升仙的美好祈求造成了厚葬之风盛行。诸此因素，把汉代玉器推向自红山文化、良渚文化，殷商后期以来的第三个高峰。

上个世纪50年代以来，汉代墓葬发掘已逾万座，上起王侯，下至刑徒，面面俱到。尽管西汉帝王陵寝地宫迄今尚未发掘，但在西汉帝王陵园、贵族墓葬及都城宫殿遗址发现了一批非常重要的玉器，这就为汉代玉器艺术的研究提供了宝贵的实物资料。

二

汉代的玉器分为礼仪用玉、葬玉、装饰玉、实用器皿和辟邪用玉五大类。先秦时代的"六器"璧、琮、圭、璋、琥、璜，到了西汉时期，除了圭和璧两种仍然用于礼仪活动外，其余4种器形极大缩小，仅作为装饰用玉。西汉中期以后，玉圭可能逐渐消失，璋可能不再制造。当时玉璧的用途也分两种，一种是天子用于祭祀的玉璧，这类玉璧的装饰比较简单，以线刻纹为主，较多见的有蒲纹、谷纹和涡纹，也有的还饰以龙凤纹等；另一类玉璧的功用已发生转变，用于佩挂，或为组玉佩中的一件，称之为“系璧”。“系璧”通常直径在5厘米左右，最早见于良渚文化玉器（但良渚玉器无“系璧”之说），商周系璧偶有所见，至战汉时期大量出现。战汉之间，还出现数量较多的将雕饰物附加到璧缘外的“出廓璧”，这类玉璧的制作讲究华美，且多用镂雕手法。汉代出廓璧出廓的位置不再追求战国时期的对称，纹饰趋向繁缛。西汉晚期进入东汉，玉璧出现镂雕铭文，俗称“吉文璧”，有“宜子孙”、“益寿”、“延年”、“长寿”、“长乐”等吉文。

玉在古人的观念中具有神秘的通灵色彩，是“山岳精英”。道家认为玉是“天地之精”，是“阳精之纯”，故而汉代有吞食玉屑能致长寿之说。汉代的葬玉主要有玉衣、玉九窍塞、玉琀、玉握和玉覆面等。皇室对于它在保护灵魂方面的功用更是深信不疑，认为穿戴玉衣可使人死后精气不泄，尸骨不朽，可获重生。晋代葛洪《西京杂记》卷一：“汉帝送死皆珠襦玉匣，匣形如铠甲，连以金镂，武帝匣上皆镂为蛟龙鸾凤龟龙之象，世谓为蛟龙玉匣。”随着金缕玉衣的发掘，传说中的“珠襦玉匣”得到证实。

俗语说：“断商不断夏，战汉不分家”。汉代早期玉器与战国相差无几，直到后期才逐渐形成时代风格。汉代的装饰用玉在继承战国风格的基础上，发展出了自己的特色。西汉前期的佩玉多讲究组合，从考古出土的情况看，有的佩玉组合数量较多，这当属先秦风尚的延续。自西汉中期以后，成组的玉佩逐渐减少，组合的形式也趋简化。至东汉时，佩玉的品种也所剩无几了。汉代佩玉的品种主要有各种透雕装饰的玉璧、玉璜、玉珠、玉人、玉环、玉管、玉觿、玉韘、带钩等。

汉代玉佩饰中另一独具艺术特色的作品是玉舞人。战国开始，与雅乐相对立的女乐日渐兴盛。不仅王公贵族为了享受乐舞，蓄养了大量的女乐倡优，宫廷内同样供养着众多的乐工女伎。汉高祖的宠姬戚夫人“善为翘袖折腰之舞，歌出塞入塞望归之曲”；《汉书》上也记有武帝宠爱的李夫人“妙丽善舞”，成帝的赵皇后“学歌舞，号曰飞燕”等。出于对玉器和乐舞的喜爱，以舞蹈为题材的“玉舞人”应运而生。玉舞人在战国时代就已出现，数量颇多，题材广泛。汉代玉舞人数量更多，更为流行，并出现模仿战国舞人的现象，但总的来说汉舞人工艺不及战国舞人精红。

汉代的实用玉器皿种类增多，玉器的管钻和掏膛工艺达到了一个全新高度，一些大器、重器屡屡出土。容器主要是玉豆、玉匜、玉尊、玉杯、玉卮等，其他器形主要有枕、印、带钩、玉插屏和玉砚滴等。

汉代玉器中还有一类辟邪用品。主要有，圆雕神兽玉辟邪，此物通常用于摆设，或镇席的四角之用。此外，还有“辟邪三宝”之称的玉翁仲、司南佩，与玉刚卯、严卯。翁仲是秦国一名勇士，越南人，姓阮。传说他身长丈三，带兵镇守临洮，威镇匈奴,秦始皇非常赏识他。翁仲死后,秦始皇为他铸造铜像,放置咸阳司马门外辟邪。后人想借用他的威名辟邪,多用玉石雕刻一个身穿长袍、有冠、双手相握胸前的立人像。汉代的翁仲是一个年轻人像,采用"汉八刀"工艺琢刻。

司南是古代指南工具——指南勺。把它的造型琢在扁方形玉器上方,意味不迷失方向,还能辟邪、正身。所谓玉刚卯、严卯,就是指正月卯日、子卯日所制的一种护身符,作长方柱或八方柱状,柱面刻有铭文,中有贯孔供穿系。

汉代玉器简评

Evaluation of Jade Ware in Han Dynasty

一、琢玉工艺:汉代玉器的制作中,镂空技艺的应用更加普遍,镂雕、圆雕及高浮雕的玉器作品明显比前代增多。明代高濂《燕闲清赏笺》中所说:"汉人琢磨,妙在双钩,碾法宛转流动,细入秋毫,更无疏密不匀交接断续,俨若游丝白描,毫无滞迹。"汉代装饰用玉已达到了很高的艺术水平,饱满的外轮廓弧线与各种大小不同、长短不一的弧线协调配合;毫发毕现的"游丝毛雕"工艺,爽利粗犷的"汉八刀"斜刻手法,无不给人以充满张力的视觉感受。

二、纹饰特征:相形于战国,汉代的纹饰由简至繁,器形由薄至厚,由锋利变圆滑。如战国玉璧和龙形佩一般厚度在0.4厘米左右,汉代的类似器形厚度一般在0.5厘米以上;器形边角不及战国玉器锋利扎手。

汉代大量使用谷纹和由谷纹发展出的勾连谷纹、蒲纹。汉代谷纹比战国谷纹立体感稍弱,变得稀疏,不够饱满;蒲纹由3向斜槽呈60度交叉,形成六角形,宛若无数排列整齐的晶体,为前代罕见;剑首、日用器皿上常用柿蒂纹,此纹饰顾名思义如柿子之蒂;螭龙由战国的剪影式侧视转为正面正视形象,四足由身下一侧行走状进化为分置身体两侧作爬行状,标准的螭为"虎首猫耳",常见的螭纹尤仁德先生归纳为以下7类:一、方圆耳(即"几"字耳),无角,虎面形象特别突出;二、方圆耳,有角;三、耷耳(即"招风耳"),无角;四、耷耳,有角;五、耳上有圆窝(即"猫耳");六、螭身出翼似应龙;七、二螭相对。

大量的动物圆雕,如马、辟邪、神兽、龙等,这些动物身体两侧琢有飞翼,腿琢平行短阴线,代表腿毛。此外,涡纹、流云纹、平行短阴线、勾连云纹、凤纹、龙纹、兽面纹等亦为汉代常用纹饰。

三、审美特征:如果说战国是一个雄心勃勃、才气纵横的时代,那么汉代是一个亦梦亦幻亦真的时代。在这个现实世界与冥界、仙界交杂并陈,生人、死者共置一处的历史段落,大汉臣民什么都可能创造出来。

他们究竟创造了什么?"长生不死"的丹药? 可以让"灵魂不灭,尸骨不朽"的

“珠襦玉匣”?“汉八刀”? 他们创造的应该是一种豪放的气质,绮丽无比的生存方式。这种气质如同灵魂,理所当然附在汉代玉器上面,多姿多彩,贵气逼人。这样就使得汉代玉器变得“玄”而“模糊”,因为这些玉器有气质,我们为它断代辨伪,并不是一件费劲的事。

因为气质使然,汉代玉器成为中国古代玉器史上的一个绝唱。如,汉代玉器的代表——出廓璧,从战国时期出廓的位置对称,转向两汉时期的繁缛夸张华丽,年代越近,廓出得越高。两汉之后,这种气势磅礴的玉璧退出了历史舞台,后世无论如何高仿终究是狗尾续貂。因为生存方式不同和时代的宽容,两汉成了女权主义扬眉吐气的时代。在汉代,妇女的地位、作用和妇女权益的保障,明显高于其他封建朝代。民间寡妇再嫁不受约束,贵族妇女婚姻地位高高在上。至此,一方面,凤的附庸待遇依然没有根本性改变,大多作为龙的配角“谨慎”出现;另一方面,在龙凤题材的玉作中,作为主体单独出现的玉凤或凤纹却骤然增多。

汉代这种开放性的心态直接影响到玉器艺术上,所以汉玉倍加珍贵。

龙凤纹玉带(汉代)

Carved jade belt with dragon and phoenix pattern (Han Dynasty)

长 97cm 宽 4.8cm 厚 1.6cm

电子放大镜下的玉带细节

赭红色沁过渡自然有序，层次分明，深入肌理。

灰皮

宽扁砣轮加解玉砂碾磨的弦纹，看似并不齐整，布局实为十分有序。

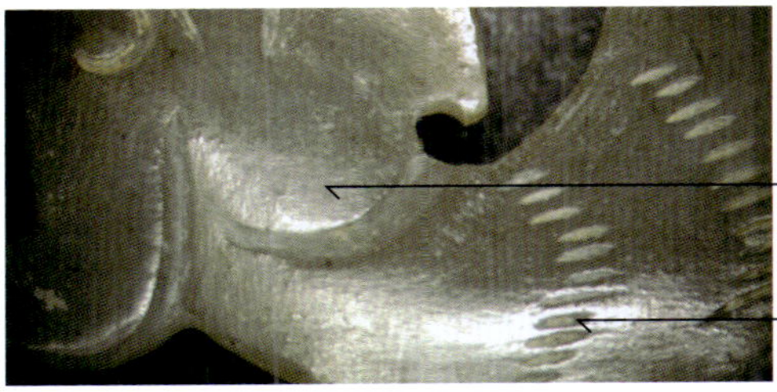

解玉砂在玉器表面反复碾磨产生的橘皮纹现象，此为典型的汉代橘皮纹抛光工艺。

用解玉砂加砣轮琢出的平行短阴线，两头细中间宽，两头浅中间深。

此痕迹非崩裂，是用砣轮琢出的断续阴线连接痕迹，为典型的“以直取弯”砣轮制作工艺。

汉代橘皮纹抛光工艺。

和田青玉质。玉质纯净，温润细腻，包浆厚实，器表局部覆盖土黄色皮壳，并产生钙化质变现象，与灰皮接触的玉质有星星点点的晶状物析出，这是透闪石中的晶体受地质环境影响所致；各构件均有芝麻点，或藻状沁，主沁色浓淡过渡自然，或点缀于表如红晕上脸，或深入肌理殷红如血，艳丽夺目。

除了地质环境生成的因素，古玉鉴定说白了就是一个痕迹学。此器线条洗练简洁，阴线、绞丝纹皆由砣子琢出，走线流畅，底槽干净光亮；器面抛光痕有凹坑、轻度橘皮纹特征，及粗细不一的无规则短阴线；线割镂空工艺明显，真品特征突出。于高明的作伪者来说，器形、纹饰、痕迹、沁色皆可高仿，但只能高仿其一其二，要综合仿起来就更不容易了。换句话，倘若一切都能高仿，那么，由其地质环境构成的自然属性，由古代生产力产生的时代气质，这些“时间”恐怕仿不了。

活环多节佩最早出现在湖北随州战国曾侯乙墓中，该龙凤玉挂饰长48厘米，16节，现藏湖北省博物馆，被誉为战国最经典的琢玉工艺和中国玉器工艺史上的奇葩。图中玉带长达97厘米，由12节形制各异的镂空佩组成，中间连以11个镂空方形活环，系整块和田玉所琢，不可拆卸，但可以卷折。玉带的主体图案以龙、凤、螭、兽面纹、绞丝纹为主，集镂空、阴刻、平雕、碾磨等技法于一体，堪称鬼斧神工。

玉带头为龙首带钩，尾部为一绞丝纹圆环，首尾相扣即成玉腰带。“衣服有制，宫室有度”，王玉文化时代，用玉制度有严格的规定，此带用料精致，贵气逼人，礼仪性和象征性特征突出，非一般王侯所能拥有。由于和田玉的珍稀和带长易损等因素，注定了这条玉带只能在重大仪式活动中出现，作为日常用品的可能性不大。战国起，铁器虽然在生产领域得到广泛使用，琢玉工艺运到质的飞跃，但要完成这样一件构思之巧、难度之大的作品来，也须费一个“大师级”的玉工数十年之工夫。

龙凤纹玉带之长之完美之精湛，实乃汉代玉带中的鸿篇巨制，亦为中国古代玉器史上惊天首现。此物当为中华民族国之重器，举世无双，其价值不可估量。

双龙耳白玉簋（西汉）

Jade container "Gui" with two handles in shape of dragons (Western Han Dynasty)

高8.0cm 最大径10.8cm 耳径15.2cm

局部电子放大

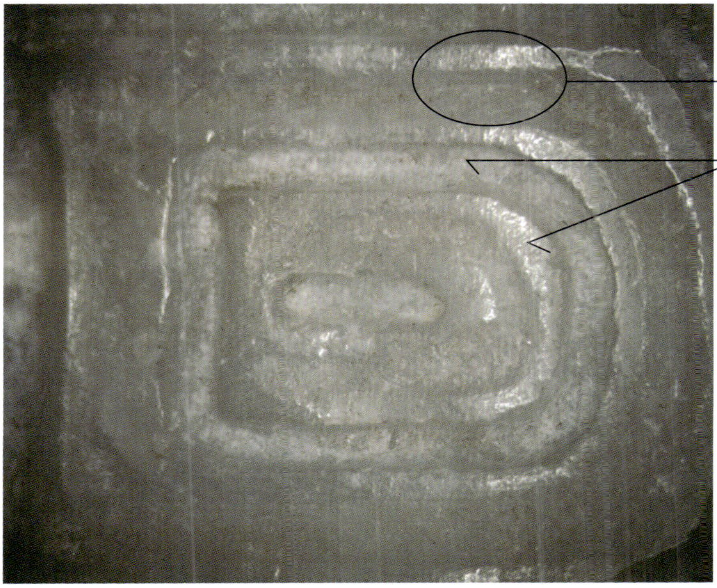

和田羊脂白玉质。玉质洁白莹润，华光内蕴。通体受沁，局部轻度白化产生质变解理现象，晶状物迎光闪烁，数点黑色沁斑深入玉质肌理。

簋，流行于商代至春秋战国时期，以青铜材质居多。主要用于盛放煮熟的饭食。簋的形制很多，变化较大。商代簋形体厚重，多为圆形，侈口，深腹，圈足，两耳或无耳。器身多饰兽面纹，有的器耳做成兽面状。西周除原有式样外，又出现了四耳簋、四足簋、圆身方座簋、三足簋等各种形式，部分簋上加盖。

商周时多数簋体形厚重，饰云雷、乳钉等纹饰，少数为素面或仅饰数道弦纹。春秋时期，簋的铜胎变薄。战国以后，青铜簋极少见到。簋是商周时重要的礼器。宴享和祭祀时，以偶数与列鼎配合使用。《礼记·玉藻》记载：天子用九鼎八簋，诸侯用七鼎六簋，卿大夫用五鼎四簋，士用三鼎二簋。

战汉时期，青铜器制作急剧减少，但青铜器庄严厚重的精神气质，以及森严规整的纹饰却传承下来，大量的玉质器皿在时代特征的基础上，模仿商周青铜器形制。这件双龙耳白玉簋便是汉代复古之风的实物证据。

从相关资料获悉，此器与西周中期青铜器“散伯簋”形制基本相同。玉簋隆盖饰弦纹，上琢圈形盖钮。簋身上部以“回”字纹衬地，琢高浮雕兽面纹；下部琢弦纹，敛腹、圈足，左右各琢一龙首为器耳。

以簋为形制的玉器在汉代极为罕见，加盖的玉簋更是凤毛麟角。白玉簋用料精良，即便是今天的和田羊脂白玉也难望其项背。它工艺精湛，于庄严厚重中见灵动，它历经两千余年时光更迭，却毫发未损，实乃天地造化。此器时代特征明确，具有非常重要的文物研究价值和艺术价值，实为国之重器。

盘螭钮白玉凤瓶（西汉）

Jade vase in shape of a phoenix and hornless dragons design on it (Western Han Dynasty)

高18.5cm 长17.9cm 宽11cm

凤瓶背面

局部电子放大

白玉质。玉质温润，包浆厚实。玉质整体受沁解理，呈现轻度白化现象，迎光通透，局部有晶状物析出。开窗处玉质晶莹剔透，和田白玉质地华光毕现。10倍镜下，能见明显的橘皮纹抛光痕迹，真品特征开门。

盘螭钮白玉凤瓶分瓶盖、瓶身和凤座三个部分。盖顶盘一螭，螭琢四肢，肢分两趾，招风耳，作回首状。盖身弦纹勾边，内饰勾连谷纹。瓶身上琢弦纹，中间分别饰以勾连谷纹和云纹，相形与战国时期的工艺，汉代的勾连谷纹显得扁平，立体感与规整感均不如前者，这是鉴定汉代琢玉工艺的一个重要依据。瓶身背部琢一高浮雕螭虎，螭形体雄健，饰招风耳、“几”形角，螭嘴闭张，长须下垂，作爬行状。

凤为器形主体，凤嘴微张，尖喙下勾，饰滴水目，杆钻眼珠；凤耳上竖，两道凤冠后披上卷；凤体琢四肢似汉代辟邪，肢分四趾，腿琢短阴线，屈体爬行。凤背玉瓶，与凤体融为一体。凤为百鸟之首，象征美好与和平。瓶为“平”谐音，凤瓶喻意风调雨顺，天下太平的意思，与西汉国力强盛，四海升平意象吻合。

西汉是一个极具开拓意识和创新精神的时代，在琢玉工艺上，一方面上承商周、战国时期的青铜器、玉器创作元素，一方面又积极融入本朝的雄放、绮丽风格，给人以耳目一新的视觉感受。白玉凤瓶形体硕大，材料珍罕，贵气逼人，充满霸气。制作工艺堪称极致，圆雕、掏膛、高浮雕、镂空、浅浮雕运用娴熟自如，实乃巧夺天工，当为汉代玉器的扛鼎之作。此器时代特征明确，具有特别重要的文物研究价值和艺术鉴赏价值。

联体白玉尊缶（西汉）

Jade wine containers "Zun"and "Fou" (Western Han Dynasty)

通高15.8cm通宽25cm 缶最大径15.6cm；尊高13.7cm 尊径7.0cm

局部电子放大

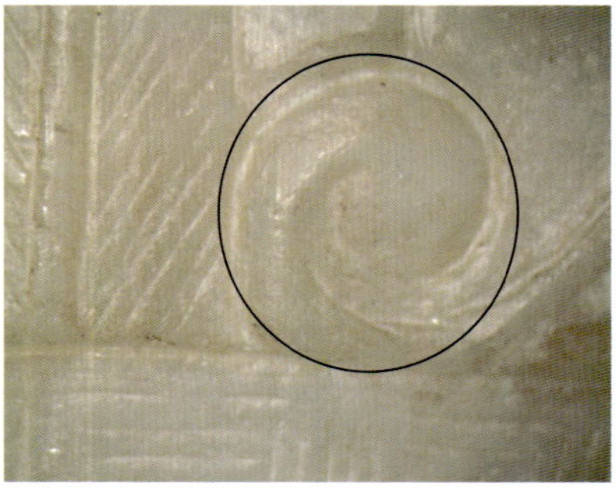

砣轮加解玉砂反复碾磨的痕迹

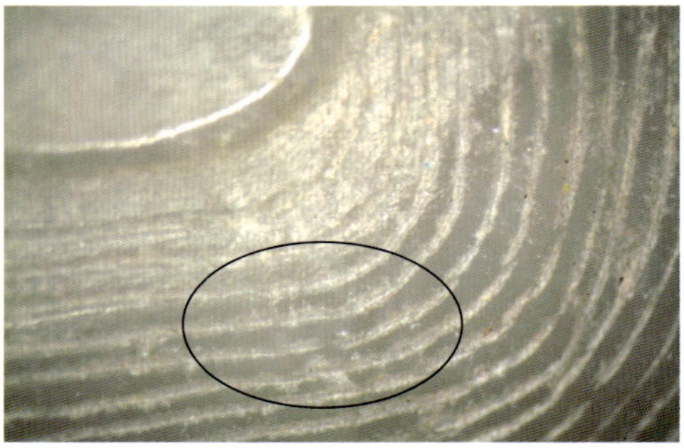

游丝线粗细不一，边缘无崩口，为砣轮所碾。

和田白玉质。玉质致密温润，包浆厚实，蜡脂感强，华光内敛。通体受沁，轻度白化，局部有土蚀孔和结晶解理质变现象，真品特征突出。结晶乃是和田玉中的透闪石，受地质影响出现的解理现象。

高古玉入土数千年，在特殊的环境中，既无入水沾土，又没受到弱酸弱碱及相邻颜色的入侵，表面看起来变化不是很大。但细究之下，其玉质还是发生了很大的变化。首先玉的透明度变低，其次玉质有不易察觉的解理变化，肌理犹如云絮般的饭糁，或“云片”等，再次颜色比原先的色彩更深更重。这件白玉尊缶便是如此，器表看似轻度白化，“云片”布满肌理，却迎光通透，玉质晶莹剔透。

尊缶是一个名词，为古代盛酒器，其造型起源与古代陶缶。尊与缶同时又是分开的两种盛酒器造型，尊为长身形，中部较粗，有圆形和方形的；缶，大腹小口，有盖，方形、圆形兼有，有时作乐器用。《说文解字》解释 “缶，瓦器，所以盛酒浆，秦人鼓之以节歌。”在中国古代典籍中，多次提到击缶。青铜时代，尊与缶是最为常见的器皿。

联体白玉尊缶主体为缶，缶分盖、身和足三部分。缶盖，仿青铜器形制，上琢圆圈把手，饰花叶纹，缶盖四向有棱脊，区间饰浅浮雕“目”字纹、云纹和方角云纹。缶身琢一圆圈耳，上下部以宽阳线勾框，内填浅浮雕兽面纹，圈足。尊圆形、直身、圈足，盖琢圆圈钮，饰花叶纹。盖身饰柿蒂纹，此乃汉代典型纹饰；尊身饰云纹和方角云纹。

此器用料精良，形体硕大，端庄肃穆，古意盎然；造型巧夺天工，为汉代器皿类玉器中的大器、重器，时代特征明确，品相开门，是研究中国古代玉器和汉代文化极为重要的实物资料。

双凤耳白玉镂空瓶(汉代)

Jade vase in openwork with double handles in shape of phoenix (Han Dynasty)

高 25cm 最大径 10.8cm

沁入玉质肌理的藻状沁，此乃高古玉从沁斑上辨伪的重要依据。

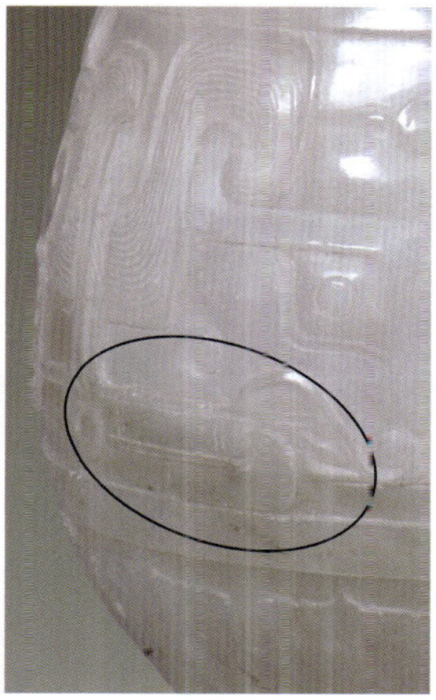

古玉受沁后产生的两种颜色，上部系轻微白化现象。

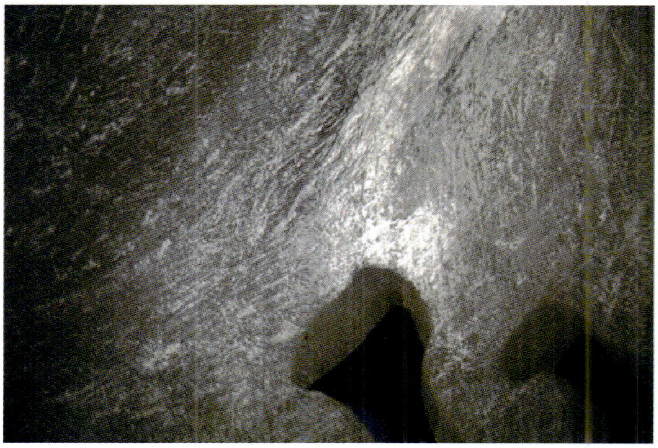

局部电子放大

瓶盖内部的掏膛工艺痕迹

白玉质。玉质缜密温润，包浆厚实老到，通体铜绿沁蔓延，呈青绿色。局部受沁，产生由失水现象引起的白化现象，藻状沁斑深入玉质肌理，真品特征突出。

白玉镂空瓶侈口、圈足，分为瓶盖、瓶身和瓶足三部分。瓶盖四向琢四凤，依势相背长鸣，凤尖嘴勾喙，上尾上卷，凤冠承托一圆环作为盖钮。盖身用拉丝切割的镂空工艺琢双龙双凤，喻意龙凤呈祥。瓶身以宽阳线勾边分为三个区间，上部为瓶颈，以拉丝手法镂空琢出尖嘴螭虎，瓶颈两侧分立二凤为瓶耳，下饰绕颈树叶纹。瓶腹略鼓，宽阳线勾框，内填兽面纹。

在玉器制作中，活环、掏膛、镂空难度系数最高。此器瓶盖与瓶身之间严丝合缝，各构件比例和谐协调。相形于今天，在生产力水平低下的汉代，玉工如何制作这样一件巧夺天工的惊世之作，让人浮想联翩。此器时代特征明确，类似器形极为罕见，具有重要的艺术研究价值。

双螭耳活环白玉尊(西汉)

Carved white jade cade with double handles in shape of hornless dragon (Western Han Dynasty)

高19.7cm 径9.5cm

铜绿沁蔓延

“隆包”是由地质因素形成的，系玉器表面入土而出现的增生物。此为鉴别出土玉器的重要依据。

器表的橘皮纹是典型的解玉砂反复琢磨的痕迹，是鉴定古玉的重要依据。

勾连谷纹。有断续阴线连接的痕迹，此为典型的“以直取弯”砣轮制作工艺。

白玉质，玉质温润缜密，精光内敛，蜡脂感强。整体受石灰沁、褐色沁，一些部位轻微钙化。局部受铜绿沁呈现“鹦哥羽”色调，这是与青铜器挨在一起的缘故。

尊和卮同为古代盛酒、饮酒的器具，大小相仿，形制相近，多为三足，或圆圈底状。由于尊和卮器形很难区分，有学者认为，器形大的应为尊，小者应为卮。汉代的玉尊和玉卮极为精美，是贵族身份和地位的象征。因其制作工艺水平高，器形大，所以具有很高的文物价值和收藏价值。

此器呈圆柱形，共分两部分，上为绞丝纹活环之盖，上琢柿蒂纹，勾连谷纹。两者之间以阴刻绳纹分区；下为玉尊主体，分为5部分：口沿下以弦纹形式分4区。每区琢一浅浮雕虎形纹；中部饰勾连谷纹，下部同样分4区，每区琢一浅浮雕虎形纹；玉尊底部为圈足。器壁两侧各琢一高浮雕螭龙为耳，螭龙双翼上卷合一，尾部下垂上勾，肌肉饱满发达，作爬行状。内壁光素无纹，有粗细不一、大小不一螺纹痕迹，以及上下左右交错的抛光痕迹，管钻掏膛工艺特征明显。

在汉代玉器中，器皿件实物极为少见，此器时代特征明确无误，碾琢工艺精湛，手法多样，设计奇特别致。尊和卮的高度通常在15厘米左右，此尊高近20厘米，厚仅0.5厘米，虽一螭龙尾尖残损，并不影响整体价值，诚为汉代玉器中的重器和大器，有重要的文物研究价值。

双兽耳活环白玉炉（西汉）

Carved white jade burner with double handles in shape of a beast (Western Han Dynasty)

高 15.9cm 最大径 16.5cm

白玉质，玉质温润缜密，光泽含蓄内敛，蜡脂感强。器体有轻微绺裂，局部受石灰沁，玉质钙化呈现鸡骨白现象，有次生结晶。

此器分为盖、炉身和炉座三部分。盖分两层，盖钮呈圆环状，中间有管钻孔；盖座琢两只立凤，阴线勾框，饰浅浮雕凤鸟；炉身左右各饰高浮雕兽首，兽头顶冠冕，眉鼻相连，怒目圆睁，口吞连壁方框，框套活环；炉身饰变形凤鸟纹、云纹，与炉盖纹饰呼应。炉座光素无纹，呈束腰圈足状。内壁有粗细不一、大小不一螺纹痕迹和上下左右交错，多次打磨抛光的痕迹，管钻掏膛工艺特征明显。

此炉工艺精湛，器形硕大，端庄大方，肃穆厚重，堪称汉代玉器中的重器、大器，有重要的文物研究和收藏价值。

玉镂雕凤纹牌饰（西汉）

Carved jade plaquette with phoenix design in openwork (Western Han Dynasty)

长14.0cm 宽6.2cm 厚0.5cm

和田青玉质，玉质极佳，品相完好无缺，包浆厚实，器表受土沁，沁色过渡自然，沁斑侵入肌理，汉制特征开门。

此佩与广东南越王墓出土的凤纹牌饰类似，造型神秘奇特，工艺复杂，精美绝伦。主体为一镂雕长方形，边框皆由平地打洼工艺琢出，中间为一镂雕变形凤纹，立体感较强。顶为变形凤鸟呈如意形，下为变形鸟纹挺胸卷尾驼牌。牌形一侧一凤昂立环上，张嘴高歌，凤尾长垂，回卷托环。牌形另一侧璎珞长垂，节奏感极强。

此器成对出现，造型独特，整体布局奇绝，时代特征明确，为西汉时期的经典之作，堪称当今最为完美的凤纹牌饰标形器，诚为瑰宝。

兽面纹游龙双螭斧（汉代）

Carved jade axe with two hornless dragon and a beast face (Han Dynasty)

高 16.2cm 刃宽 10.0cm 厚 0.4cm

黄玉质，色泽古旧幽亮，状如年糕。局部受赭色沁，沁色浸入肌理，有轻微钙化现象。

斧又名戚、斤，后演变成为钺，它是人类早期使用最广泛的多用途工具之一，几乎所有的新石器文化遗址都有玉斧出土。玉斧在玉器发展史上占有极其重要的地位，商周时期，斧进一步演化成为礼器，广泛运用于祭祀、盟誓、丧葬中等礼仪场合，到了战国、汉代时期玉斧作为礼器的功能逐渐消失，而成为装饰品，或还原为实用冷兵器。

此斧刃锋利割手，口沿阴刻几何纹，斧身下段两侧各饰一螭龙，螭阴刻滴水目，张嘴露牙，下颌如钺，尾部分叉，作爬行回首状。斧身镂空，圆形弦纹作框，内琢一螭，四足踏壁，昂首挺胸，曲体前行。玉斧中段用变形云勾出方框，内填浅浮雕卧蚕纹、云纹。斧身上部为一兽面纹，兽面似戴冠帽，此帽云纹作角，边角尖锐，酷似一顶王冠；兽面饰“臣”字目、卷云鼻、长方形镂空嘴巴、细阴线浓眉，眉宇之间有半圆形网格纹。

此器纹饰绮丽繁缛，器型威猛肃煞，工艺复杂精湛。根据器型和纹饰特点，初步判断，玉斧应为战国晚期至西汉早期之间带有辟邪性质的装饰品。

舞人（西汉）一组5个

A set of carved jade dancing figures (Western Han Dynasty)

高8.6—9.3cm

局部电子放大

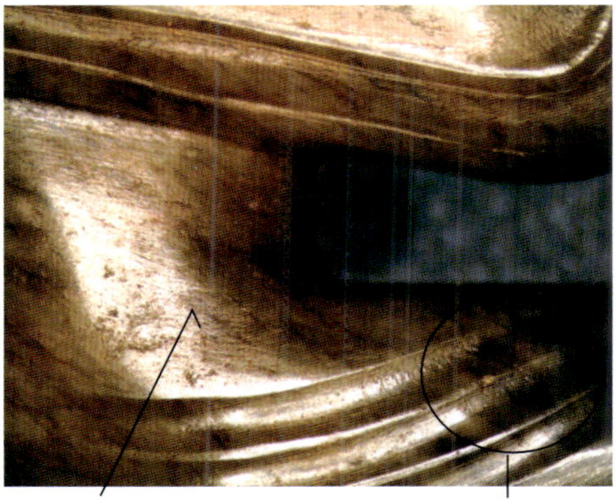

解玉砂抛光痕迹

弦纹中的横向平行螺纹，这是从痕迹学上对古玉辨伪的重要依据。

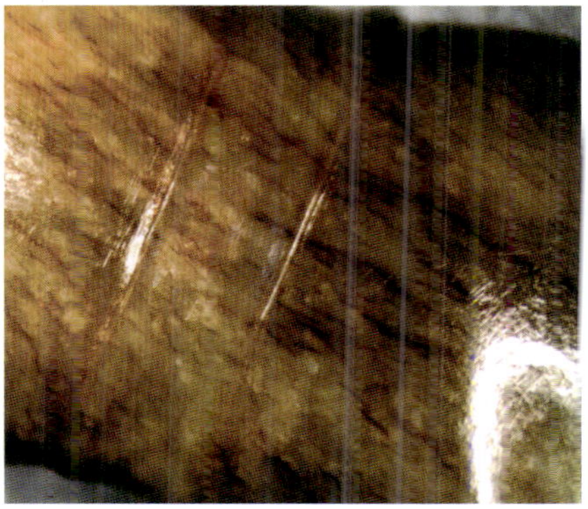

牛毛纹。为古玉中的名沁，一般由水银、铅锌等物质沁成，其沁脉成线状顺着某个方向排列，过渡有序，交代清楚。如沁脉在刀口处突然折断，或消失，必为后仿，或老玉新工之作。

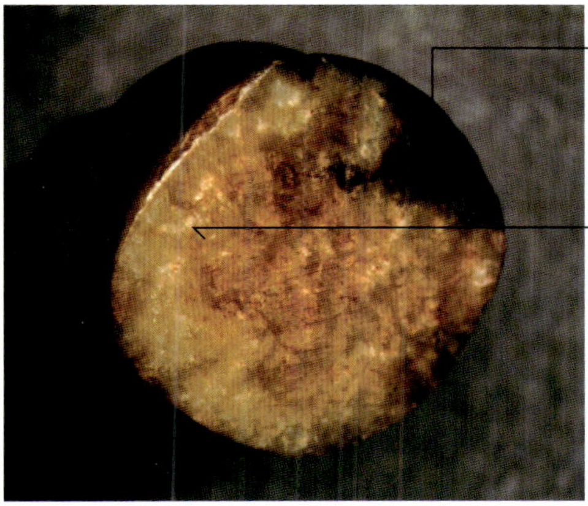

水银沁斑

质变，呈晶状解理，这是和田玉中构成体——透闪石中的晶体受地质环境影响所至。

白玉质，整体受沁质变，次生结晶现象浮于肌理，立体感毕现。器表呈年糕状，包浆厚实，玉质温润缜密，沁色复杂，有褐色沁、水银沁、牛毛纹、象牙白。高古三造假手法繁杂，但至今尚未发现能仿出次生结晶的。

舞人身体纤细，凹凸有致，衣着华丽，造型各异，皆长袖长袍，衣分左右衽，饰弦纹腰带；左右水袖琢弦纹上下舞动，此为长袖舞。周南泉先生主编的《中国玉器投资与鉴藏》一书中，有一组圆雕舞人与此毫无二致（**参考1**）。周南泉对这组玉舞人的评价是：堪称舞人中的极品。

1、参考文献《中国玉器投资与鉴赏指南》165页 周南泉 李彦君 著 大象出版社

玉勒管纹舞人（西汉）

Carved jade "lezi" in shape of a dancing woman (Western Han Dynasty)

高7.8cm 宽3.9cm 厚1.3cm

器表的橘皮纹是典型的解玉砂反复琢磨的痕迹，是鉴定古玉的重要依据。

土沁及附着物

勾连谷纹。有断续阴线连接的痕迹，此为典型的“以直取弯”砣轮制作工艺。

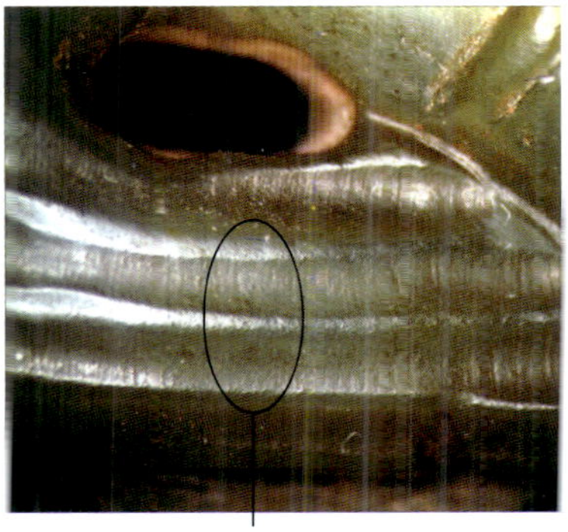

横向平行螺纹。高古玉中的弦纹砣琢法通常采用“横砣直磨”工艺完成的，即横向砣琢，纵向抛光。所以，弦纹中可见有宽扁砣轮留下的平行螺纹。这是从痕迹学上辨伪的重要依据。

战汉时期，“礼崩乐坏”的程度进一步加剧，与雅乐相对立的女乐日渐兴盛。不仅王公贵族为了享受乐舞，蓄养了大量的女乐倡优，宫廷内同样供养着众多的乐工女伎。春秋战国时期，女乐往往被当作交换，甚至是外交的工具，外交谈判时常有女乐相佐。出于对玉器和乐舞的喜爱，以舞蹈为题材的“玉舞人”应运而生。

如今面世的玉舞人不管造型如何，都有一个共同点：总是作扬袖起舞状，左右水袖或上下甩动，或交叉于胸前，颇有乘风欲去之势。这种舞蹈叫“长袖舞”，又名“翘袖折腰舞”，始于战国，盛于汉代。《韩非子·五蠹》中就有“长袖善舞”的描述。西汉，长袖舞风靡一时，刘邦的妻子戚夫人便是其中的“舞林高手”。《舞赋》曾这样描写这种舞姿：“罗衣从风，长袖交横；络绎飞散，竦沓合并；绰约闲靡，机迅体轻。”

在玉舞人的家族中，战国舞人最为传神，其工艺精湛，形态生动备受藏家珍爱。坊间造假者往往只能得其形，而不能得其神，甚至打形比例严重失调。目前，从相关资料看，汉代舞人多以阴刻线片雕为主，工艺粗劣，玉质差异也极大，除了南越墓出土的几件外，少见造型生动的圆雕舞人。

此勒管舞人系用和田青玉雕琢而成，玉质深沉，宝光内蕴。舞人局部受白色石灰沁和黄土沁，沁色由表及里，由浅及深过渡自然，如丝如缕。器纹饰左为勾连谷纹勒管，右为舞人，两者联体，造型准确，装饰性极强。勒管上下孔径呈不规则现象，孔内有台痕，此系古人用管钻多次打磨留下的特征。舞人蹶臀顶勒，挺胸垂乳，秀发斜披，眉眼生动，浅笑如花，左右水袖琢弦纹，左袖甩于背后，如春风摆柳，娇俏可爱。

勒管玉舞人，不仅是西汉时期乐舞活动的缩影，古人的才情更让我们欣赏到了两千多年前的曼妙舞姿。这件洋溢着浓郁生活气息的玉雕作品，让我们感受到的岂止是大汉的历史？那历史天空下的臣民，原来是如此放浪形骸，才情勃发。

文官俑(西汉)

Carved jade figure of a civil servant (Western Han Dynasty)

高 10.4cm 径 2.4cm

青黄玉质,玉质温润,包浆厚实。玉质通体受沁,白色饭糁深入肌理,由内及外蔓延,局部有轻微绺裂。生坑特征明显。

此器系海外回流精品,与陕西咸阳市周陵乡新庄村西汉遗址出土的玉头像基本一致(**参考1**),遗憾的是该玉头像为残件,头像以下不知所终。此玉人头戴箍形圆帽,结发于头顶,长条脸,阴刻眉毛、细长眼、胡须,小嘴紧抿,直鼻梁,有西北人风貌。琢弦纹作围脖,着右衽长袍,双手交叉置于腹部,形成一个"丰"字,长袖垂于衣袍下摆,下摆开叉拖地。玉人身形修长,文静儒雅,谦和端庄,应为西汉时期的文官形象之一。

文官俑面世不仅弥补了我国考古史上的一个缺憾,又让人们从另一个侧面了解汉代衣着形制,具有重要的文物研究价值。

背面

1、参考文献《中国古玉断代与辨伪·古玉人神仙卷(上)》213页 周南泉 著 蓝天出版社

仙人骑虎（汉代）

Carved Jade Figure in shape of a Godman Riding a Tiger (Han Dynasty)

长7.0cm 高5.6cm 宽2.9cm

200倍电子局部放大

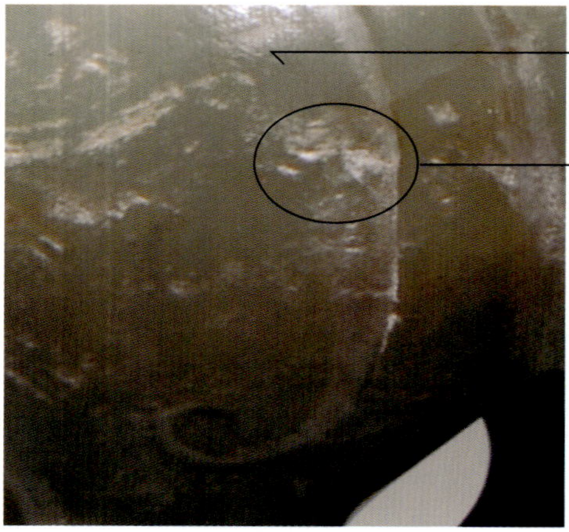

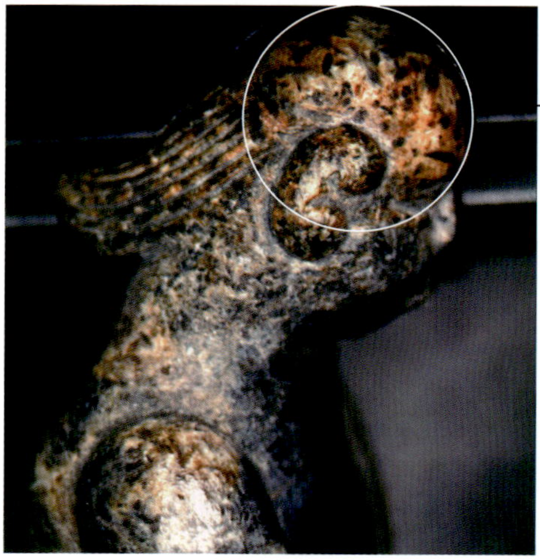

青玉质。包浆滋润厚实，稍经把玩即滑如泥鳅，这种“滑手”现象是高古玉诸多包浆形态中独有的现象。玉质缜密，光感极佳，唯人头和兽首部分受水银浸渍，呈现褐色沁斑，沁色深入玉理，刀痕处有灰皮析出，生坑特征明显。

在汉代的神仙思想世界中，玉人骑兽是较为流行的一种题材，有仙人骑马、骑虎、骑辟邪等。从目前现有的资料看，玉人骑兽的玉圆雕题材始于战国，到汉代逐渐多了起来。玉虎昂首挺胸，四肢垂直站立，形态温顺，虎尾拖地上卷，尾琢浅浮雕云纹，喻为虎斑纹。玉虎张嘴露齿，双耳上竖挺，鼻孔冲天，阴刻杏仁目，腮部琢平行短阴线，为体毛象征。仙人长毛飘卷，眼如卧蚕，体态静谧安详，双手抚膝，跪坐虎背，似御风入定。虎与仙人气韵相同，和谐统一。

此器用料精良，砣琢工艺精湛，相似器形存世极罕，诚为汉玉瑰宝。

玉镂雕双凤纹三环出廓璧（汉代）

Carved jade three-ring "bi" disc with two phoenixes design in openwork (Han Dynasty)

长9.4cm 径5.7cm 厚0.5cm

200倍电子局部放大

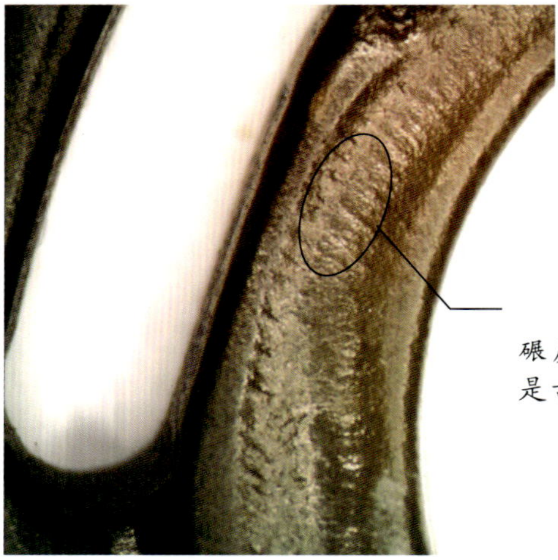

由宽扁砣轮加解玉砂碾磨的横向平行螺纹，这是古玉辨伪的重要依据。

白玉质。玉质细腻温润，高古不掩内蕴华光，沁多却能和谐统一。主体受绿、浅红、老土大红、灰白4种沁色；各种沁色交代自然，水乳交融，沁中有沁，鲜艳瑰丽，夺人心魄。

璧在古代是王侯贵族朝聘、丧葬时所使用的重要礼器，是祭祀用的“六器”，“六瑞”之首。先秦时期，一件上等的玉璧往往价值连城，“完璧归赵”就是一个最好的证明。这个时代，在祭祀器中，璧纹饰、规格、质地对持有者有严格的区分。《周礼·春官》展示了一个个完整和理想主义的国家典制，在这部儒家经典之著中，对用璧制度这样规定：“子执縠璧，男执蒲璧”，子、男即周代的公、侯、伯、子、男的爵位。“縠璧”即谷纹璧，“蒲璧”即蒲纹璧。《周礼·考工记·玉人篇》规定：“天子用全，上公用龙，侯用瓒，伯用将”。“全”为纯色之玉，“龙”为杂色之玉，“瓒”为质地不纯之玉，到了“瓒”就比较次了，玉石参半，按今天的说法大概只能用玉皮，或比较差的“地方料”了。

战汉时期，“礼崩乐坏”，玉璧走下神坛，进入世俗化。连名不见经传的诸侯、贵族也敢用起“全”璧。此时的玉璧已呈现百花齐放之势，巨型璧、铭文璧、出廓璧和佩饰璧纷纷出笼，其中出廓璧最具代表性。在工艺上，战国玉璧的厚度基本上为0.4厘米左右，汉璧一般在0.5厘米以上。汉璧虽然不及战国玉璧精致，却也独树一帜，繁缛不失工整，精细而见霸气。两汉之后，玉璧虽有上仿，但工艺已江河日下，不堪回首。

此璧由三区构成，每区用搜弓线割一个环，外环、内环采用横向平地打洼的手法，使平面充满立体感。弦纹底槽有宽扁砣轮反复碾琢留下的半圆形横向平行旋转痕迹，此为鉴定高古玉真伪的一个重要手段。中环饰绞丝纹，器表受浸蚀，呈自然橘皮纹状态。璧外缘出廓处琢左右对称凤纹，玉凤挺胸弓背，羽冠上扬，健壮简洁，雍容华贵。这件出廓璧于简明中见精致，疏朗而不失大气。

沁色之美，工艺之精，器形之罕，此器诚为汉璧中的精品。

双凤纹三环出廓璧（汉代）

Carved jade three-ring "bi" disc with two phoenixes design (Han Dynasty)

长10.3cm 径6.2cm 厚0.5cm

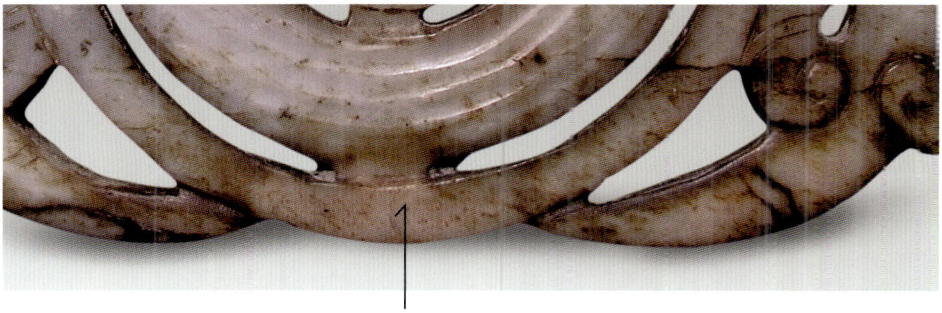

瓷化现象

白玉质，玉质缜密。局部受褐色沁，有瓷化现象，真品特征突出。

此器镂空处线割痕迹粗犷，崎岖不平时断时续状态。外环采用平地打洼的手法，使平面充满立体感。弦纹底槽有宽扁砣轮反复碾琢留下的半圆形横向平行螺纹。此为鉴定高古玉真伪的一个重要手段。

螭凤出廓璧（西汉）

Carved jade "bi" disc in shape of a hornless dragon and a phoenix (Western Han Dynasty)

长7.4cm 径6cm 厚1.2cm

背面

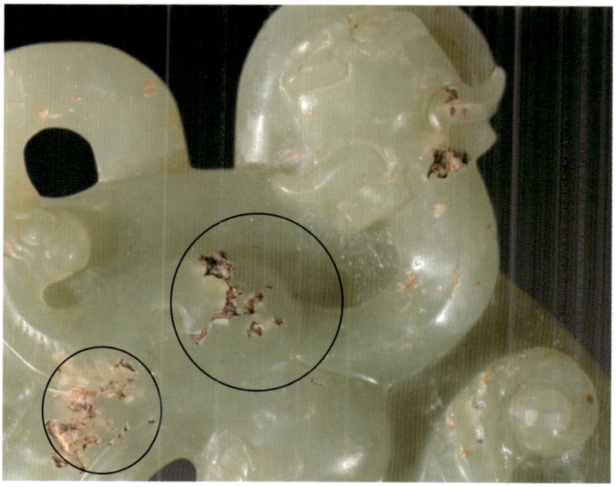

土蚀斑，俗称“土咬孔”，或“虫咬孔”、“土蚀孔”，孔径外小内大，土沁渗入玉质肌理，逐渐扩大。此为古玉辨伪的重要依据。

黄玉质，玉质缜密，包浆厚实，器表呈玻璃光。局部有土沁，有的深入肌理，成云絮状变化，有的星星点点，仿佛铁钉钻击留下的痕迹，俗称“钉金沁”。钉金沁与老甘黄、老土大红、牛毛纹并称古玉中的“四大名沁”。

部分“钉金”处出现土蚀斑，俗称“土咬孔”或“虫咬孔”，孔口外小内大，土蚀沁渗入玉理，渐渐扩大。此为鉴定高古玉真伪的重要依据之一。

对高古玉的鉴别，除了沁色、形制、工艺外，对玉质和玉感的鉴别至关重要。许多高古玉器中，被称为“黄玉质”的玉料，并不像我们今天所见的“黄如蒸栗”，或“黄如鸡油”的那种纯黄色的玉料。从商、周开始到战、汉期间，我们所说的黄玉实际是一种青黄的玉料，像梅子初熟的那种黄。换句话，现代意义上的纯黄色的玉料在高古玉器中，比较罕见。这种青黄玉经过盘玩后，黄气会越来越重。这是鉴定高古玉用料的方法之一。

至于玉感，无论是什么样的玉器，首先给我们的感觉便是，“这件东西是玉做的，而不是杂料和石头”。高古玉器，无论在怎样的坑土出来，都会留下特有的出土特征，即使不带任何沁色，再是玻璃光抛光工艺，它的光感也不会像新玉般刺目，呈现在眼前的也应是蜡脂光，这种的光感是内敛、幽幽然、厚重古旧的，稍经盘玩就会出现极厚的包浆。

此器工艺极为精湛，正面主体纹饰为螭龙盘璧，螭嘴微张，招风耳，螭头如猫似虎，符合“战螭如龙，汉螭如虎”的时代特征。形态上，该螭作匍伏状，四肢健壮如虎，分据体侧，腿琢平行短阴线，二趾爪。

令人叫绝的是，璧的背面琢无冠之凤，凤头与正面的螭头相贴，密不可分。凤体因势而琢，半璧弦纹代表凤羽、凤翼，凤尾上扬回勾，形成一个圆孔可供穿系佩带。这件作品时代特征明确，造型准确生动，设计极具创意，工艺巧夺天工，为战国晚期、汉代早期玉器的精品，具有重要的艺术价值。

游龙璧(西汉)

Carved jade "bi" Disc in shape of a walking dragon (Western Han Dynasty)

径 6cm x 0.6cm

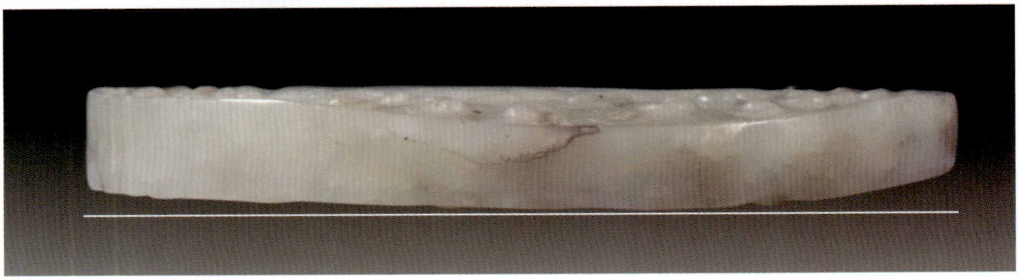

桥变(又称融斑),这是古玉受到地温、地热,或受地质挤压产生的扭曲变形现象,是辨伪的重要依据。

和田白玉质,玉质细腻温润,如脂似蜡。局部受深灰色沁,呈现轻微钙化状态,玉质中有云絮状纹理及点状饭糁沁斑,水沁特征明显。

此璧外区饰减地浅浮雕谷纹,纹饰整齐划一,内区为曲体行走的镂雕螭龙。10倍镜下,解玉砂碾磨痕迹明显,真品特征突出。由于受到地质挤压作用,这件游龙璧的边缘产生了扭曲变形,即收藏界所说的“桥变”、“融斑”,这是作伪者所无法仿造的。此器时代特征明确,质变和物理变化现象独特,不具复制性,具有重要的收藏和研究价值。

双螭纹双联璧(汉代)

Carved jade twin "bi" disc with two hornless dragons design (Han Dynasty)

通长9.4cm 通宽7.6cm 璧径4.6cm 厚0.4cm

黄玉质,致密温润,色如鸡油,包浆油润厚实,通体几乎无沁。

两璧相连,璧体饰浅浮雕谷纹,谷纹饱满,打底平整光亮;联璧中间上下各琢一螭,双首相对,上下呼应,螭首与双璧贴连处各琢4个圆形管钻孔,用于凸显头部的立体感。螭阴刻滴水目,"几"形耳,身体呈三角形透视状;螭琢双翼,翼分两股,上饰短阴线,延伸至璧体,似双螭护璧。

此器造型奇特美观,工艺精巧,是汉代双联璧题材中的精品之作。

双螭穿云盘龙璧(西汉)

Carved coiling-dragon jade "bi" disc with two hornless dragons going through the clouds (Western Han Dynasty)

径 8.5cm 厚 1.5cm

开窗能见白玉质

沁色过渡自然,层次分明。

赭色铁质沁,沁色深入玉质肌理,真品特征突出。

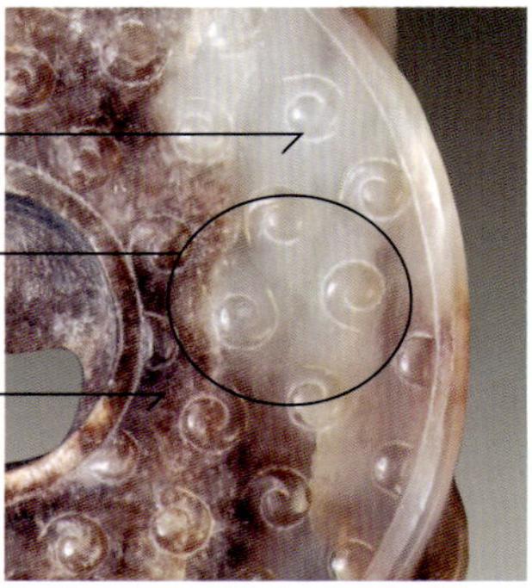

和田羊脂白玉,种头极佳,如脂似蜡,手感深沉,肉身厚达 1.5 厘米。此璧分别受铁质沁和水沁,器表有白色氧化灰皮,生坑特征明显。受水沁部分表面干结,局部发生萎缩现象,此为真品高古玉的铁证。

盘龙璧正面为高浮雕双螭龙穿云,背面为谷纹璧。穿云螭龙出现中西汉中期。史书记载:"青螭红虬,无云而不能腾飞"。此器便是证据。

双螭纹出廓璧（西汉）

Carved jade "bi" disc with two hornless dragons design (Western Han Dynasty)

通长 7.5cm 径 6.0cm 厚 1.1cm

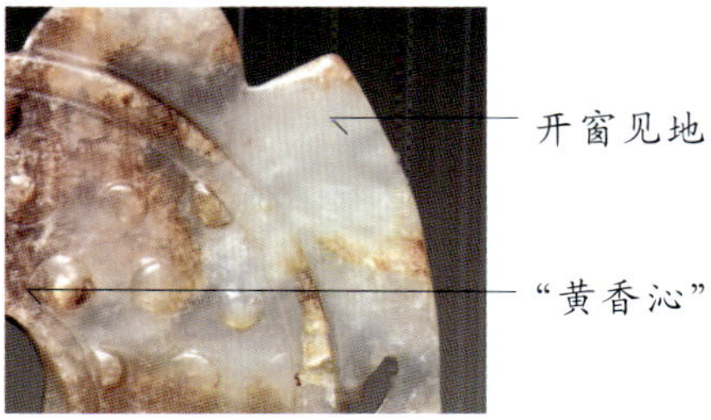

和田白玉质，种头细腻，精光内敛，包浆油润厚实。此璧受黄香沁，沁色深入肌理，由内往外弥散，过渡巧妙自然，部分玉质受沁后呈晶状解理。黄香沁是一种酷似香薰的或烤炙的黄色，非常美丽。其沁源可能有木材、松香、铁质、土壤等物质，受沁时间在1500年以上。

从战国起，螭作为一种最为常用的纹饰一直贯穿中国琢玉史的整个过程。"战螭如龙，汉螭如虎"——战国时期的螭纹造型与汉以后的螭纹并不是一个概念，"战螭入汉便成龙"。战螭张口露齿，上唇长宽，下唇如钺，多为侧面剪影状；汉螭头型如虎似猫，"几"形耳、猫耳、招风耳，四肢如虎，分踞体侧，多为正面立体的高浮雕或半圆雕；汉螭还有一种双尖耳，嘴如鸟喙。此器就是一个实物证明。

此璧一面为谷纹，一面为双螭盘璧，螭首相对，这两种螭纹均为汉代经典纹饰。一螭为猫头圆眼招风耳，尾琢弦纹，肢体雄健；一螭为猫耳尖喙，两螭腿部均琢平行短阴线，喻意腿生翼，可以腾飞青云。这种器形传世较少，极为珍贵。

双螭盘璧（西汉）

Carved jade "bi" disc in shape of two hornless dragons (Western Han Dynasty)

径 6.2cm 厚 1.2cm

白玉质，通体受沙坑沁，呈土黄色，盘之沙无，入水浸泡，一层“细沙”复出，此为沙坑沁的重要特征；10 倍镜下，刀痕处的灰皮如胶似浆。

此璧正面为双螭盘璧，两螭首尾相对，作爬行状，螭琢招风耳，滴水目，尾琢绞丝纹，肢体雄健；两螭腿部均琢平行短阴线，象征腿部的绒毛，喻意可以腾云驾雾。背面为两个相背的兽面纹，兽面饰变形“臣”字，浓眉云鼻，形态凶猛。此璧汉制特征明显，为汉璧精品之作，具有重要收藏价值。

双螭纹出廓瑗（西汉）

Carved jade "yuan" with two hornless dragon design (Western Han Dynasty)

长7.5cm 径6.0cm 厚1.1cm

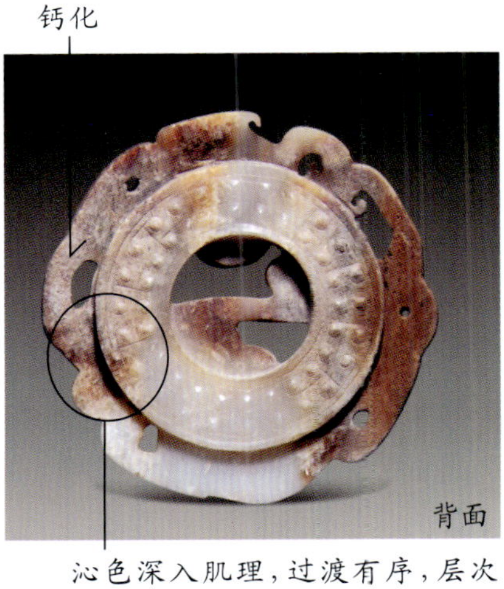

沁色深入肌理，过渡有序，层次分明，真品特征明确。

白玉质，通体受赭色铁质沁，沁色深入玉理，过渡自然，开窗见地，玉质细腻，种头极佳；局部有钙化现象，有晶状物析出，迎光熠熠生辉，生坑特征明显。

正面为双螭头部相背盘瑗，螭为猫头圆眼招风耳，尾琢弦纹，肢体雄健。一螭独角上扬回卷，造型夸张，一螭无角。器体背面为瑗，上饰勾连谷纹，饱满工整，瑗立边陡立，抚之顺滑。此器融高浮雕、镂雕等多种工艺于一体，砣琢精细，工艺复杂精美，时代特征明确，为汉代早期出廓璧精品之作，具有重要的艺术鉴赏和文物研究价值。

玉螭龙盘璧（西汉）

Carved jade "Bi" disc in shape of a hornless dragon (Western Han Dynasty)

径 6.4cm 厚 2.2cm

白玉质。通体受赭色沁，开窗见地，玉质细腻，种头极佳；局部有钙化现象，生坑特征明显。

此器正面琢高浮雕螭龙，背面为谷纹璧。螭头生分枝角，尾琢弦纹，肢体雄健，腿琢平行短阴线，脚琢三趾，作伏地爬行状。背面谷纹疏朗，排列整齐有序，迎光旋转器表地子比谷纹明亮，抛光道交叉走向清晰，解玉砂抛光痕迹明显，以上特征是鉴识汉璧的基本方法。此璧用料经典，工艺精湛。

背面

高浮雕三螭纹弦纹玉璧（西汉）

Carved jade "bi" disc with three hornless dragons and bow string pattern in relief (Western Han Dynasty)

径8.0cm 厚3.1cm

背面

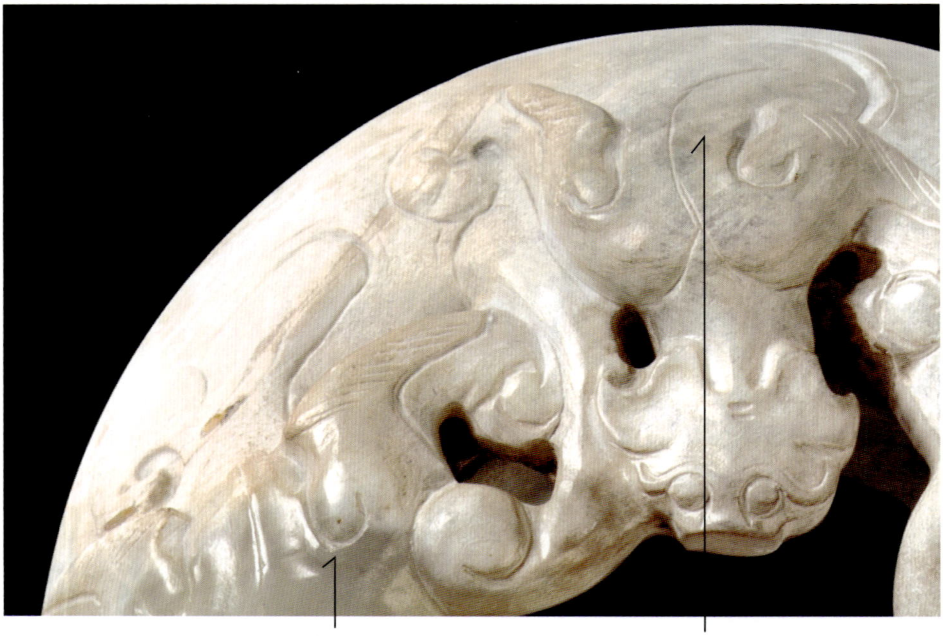

白玉质。玉质致密，温润细腻，如脂似蜡。局部受灰白色沁，迎光通透。30倍镜下，受沁部分油润，灰皮斑呈浆状分布，生坑特征明显。

玉璧在汉代玉器中占有极其重要和突出的地位，已由新石器时代到夏商周时期祭天“娱神”的礼器，转变成“娱人”的实用装饰器。在庞大的汉代玉璧家族中，出廓璧、铭文璧和高浮雕玉器并称中国玉器史上三朵奇葩。

玉璧正面琢六只正面高浮雕螭虎，其中三只有头。璧的背面琢弦纹，10倍镜下，弦纹有粗细不均的螺纹痕迹，这是宽扁砣轮留下的痕迹。螭头型似猫，“几”形耳，四肢如虎，肢体雄健，琢两趾，分踞体侧，螭腿部均琢平行短阴线，喻意腿生翼，可以腾飞青云。三螭引颈拱背，充满力量感，螭首相对，仿佛商量什么要事，分外和谐。

此璧形制独特，时代感强烈，玉质精良，融高浮雕、镂雕、圆雕等诸多手法于一体，造型准确，工艺精湛，具有极高的艺术研究和观赏价值。

螭纹绞丝双区璧（西汉）

Carved jade "bi" discs with a Hornless dragon and a twister Silk design outside and paddy pattern inside (Western Han Dynasty)

径 8.0cm 厚 0.5cm

（类似器形）

"光道"直而有序，地子比凸起的谷纹明亮。

白玉质。玉质细腻，质感温润。橘皮纹地，这种特征是在制作过程中使用解玉砂反复抛光所致。外区局部受沁后，呈现晶状解理现象，并伴有黑色"芝麻点"；内区受朱砂沁，沁色残留于表。这种巧沁非人力为之，仍天工造化，极为稀罕。

此璧在汉代玉器中较为常见，外区为绞丝纹，内侧线割出4个接点与内区外缘衔接形成镂空二区璧。内区正面一螭盘璧，身体细长如蛇，体侧一足踏尾，一条单阴线贯穿全身，左右各饰谷纹、节状纹。螭为虎头、"几"形耳、分枝角。

内区反面为谷纹。10倍镜下，可见转折处均为断线连接，这种"以直取弯"的工艺俗称"跳刀法"，这是鉴定古代砣轮琢玉法的重要依据。迎光侧放，地子比凸起的谷纹明亮，形成一条条闪亮的"光道"，轻微转动则熠熠生辉，有阴阳向悖之感。这是从光感鉴别战、汉玉片雕玉器的一个重要方法。

盘龙镂空璧(汉代)

Carved "bi" disc in shape of coiling dragons in openwork (Han Dynasty)

径 8.8cm 厚 0.4cm

白玉质，如脂似蜡，精光内敛，包浆厚实，手感极沉。此璧受铁质沁或红色矿物质影响，红得明艳热烈，沁色深入肌理，层次分明，过渡有序，像天空中的火烧云。古人云："玉得红色沁，价值百万金"。此璧沁色美丽，玉质精良，具有重要收藏价值。

勾连谷纹游龙璧(西汉)

Carved jade "bi" disc in shape of a walking dragon with continuous Interlocking paddy design (Western Han Dynasty)

径 8.0cm 厚 0.4cm

和田白玉质，种头极佳，如脂似蜡，精光内敛。整体受水沁，有白色氧化支壳，生坑特征明显，后部受铜绿沁，翠绿如羽，俗称"鹦哥羽"。璧饰勾连谷纹，纹饰整齐规整，打磨细致光洁；内区琢一螭纹，螭张嘴露牙，尾饰绞丝纹，作爬行状。此璧用料精良，造型颇具装饰性，真品特征开门，具有重要收藏价值。

四环龙纹璧（汉代）

Carved four-ring jade "bi" disc with dragon design (Han Dynasty)

直径12.6cm 厚0.5cm

白玉质，玉质致密，光泽含蓄内敛。整体微受褐红色铁质沁，局部有饭糁。

璧呈4区分布，中间为一小璧；以此为中心，外分3层，每层2条双首龙，龙唇相依，形成如意状；龙身饰云纹、网格纹，纹饰繁缛热闹。此器用料精良，工艺复杂精美，造型装饰性极强，类似器形面世极罕，弥足珍贵。

蒲纹璧（汉代）

Carved jade "bi" disc with papyrus design (Han Dynasty)

直径10.6cm 孔径2.1cm 厚0.5cm

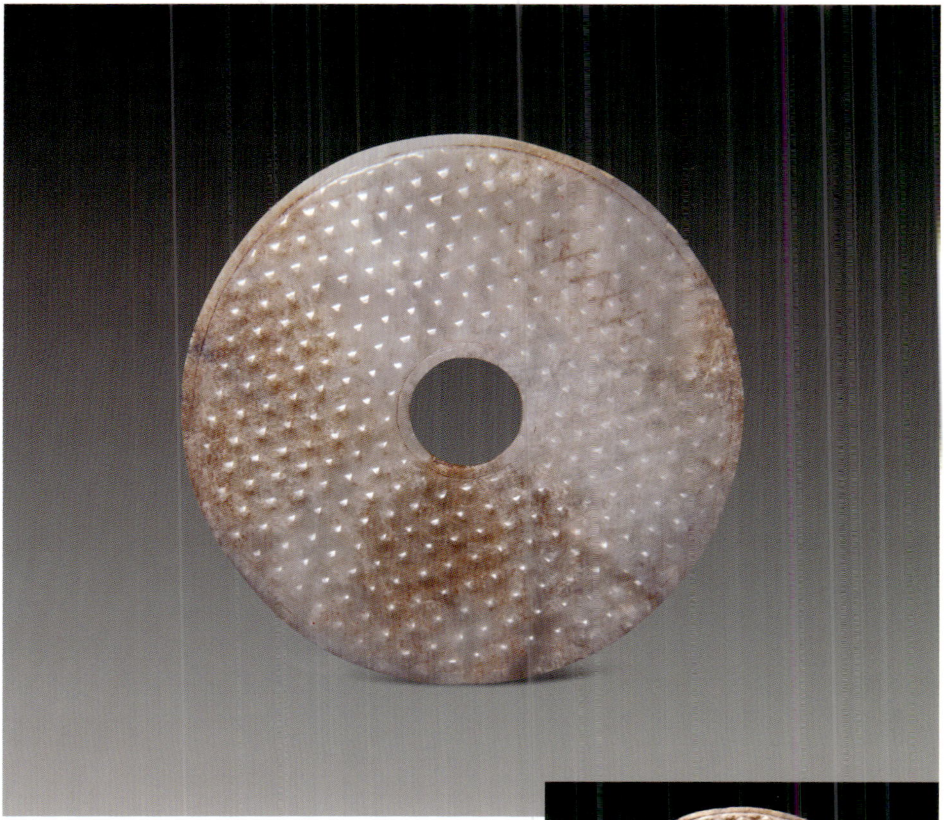

白玉质，玉质温润致密，包浆熟厚，通体受轻度水沁，器表有淡赭色沁和灰皮，生坑特征明显。

此璧为汉代玉器中典型的蒲纹璧，制作规整，一丝不苟；精美典雅，不失大气。“蒲纹璧”的定名始于近代，因其纹饰像用蒲草编织的席纹，故称“蒲纹”。10倍镜下可见，璧的地子用砣轮带动解玉砂反复琢磨而成，痕迹明显，真品特征突出。璧阴线外沿的坡面较缓，不如战国玉璧陡峭，握之亦无扎手感，这是区分战国与汉代玉璧的依据之一。

光线下，地子比凸起的蒲纹明亮，形成一条条闪亮的“光道”，轻轻转动熠熠生辉，有阴阳向悖之感。战汉谷纹璧、蒲纹璧皆如此。这是从光感鉴别战汉玉器的一个重要方法。

咬尾龙谷纹璧（西汉）

Carved jade "bi" disc in shape of a tail-biting dragon with paddy design (Han Dynasty)

直径7.1cm 厚0.4cm

白玉质，玉质细密，温润内敛，状若年糕，如脂似蜡；整体浅黄色沁蔓延，貌似黄玉。局部受石灰沁，沁色深入玉质里面，过渡自然有序，呈现轻度白化现象。此外，还受铜绿沁、黑色斑点沁，生坑特征明显。

此璧手感深沉，器表橘皮纹抛光；璧内一龙呈盘卷状，龙嘴张开吞着龙尾，龙饰变形“臣”字目、重环纹（皿纹）；璧饰浅浮雕谷纹，谷纹稀疏，饱满度不及战国谷纹；璧体阴线外缘坡度舒缓，无扎手感，汉璧特征突出。

黄玉系璧（汉代）

Carved yellow jade "bi" disc (Han Dynasty)

直径5.0cm 厚0.4cm

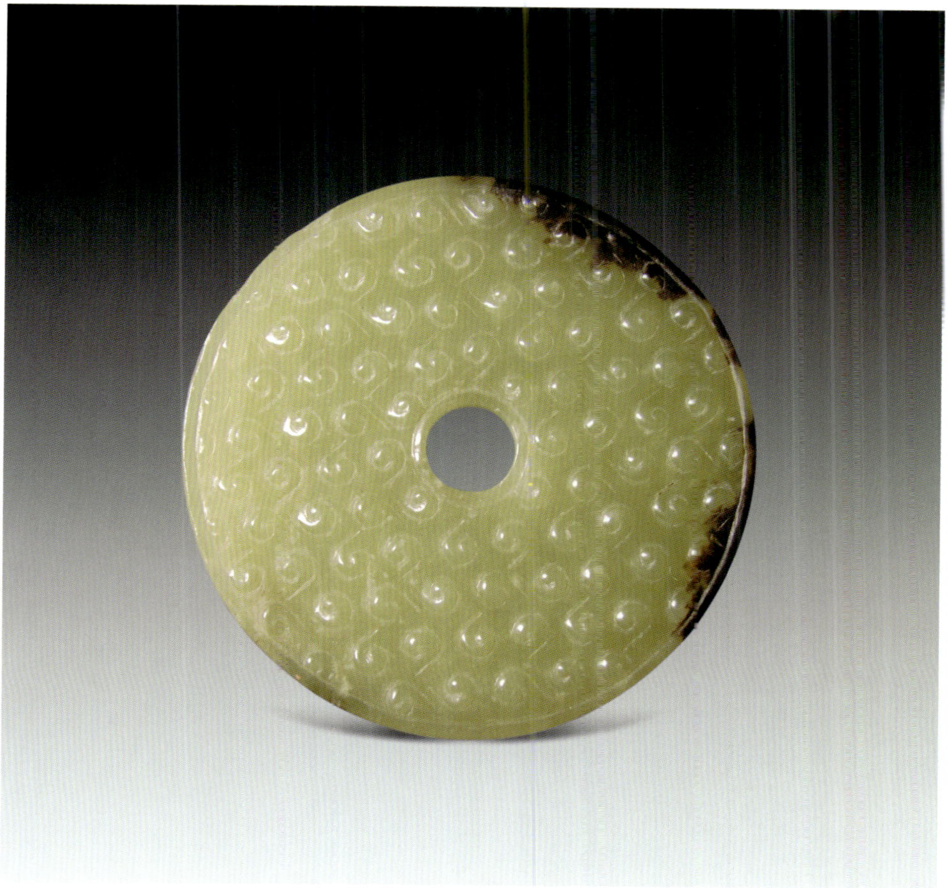

黄玉，玉质熟如蒸栗，黄如鸡油，为黄玉中极品。局部受水银沁，墨黑如漆。

汉代用于佩挂，或为组玉佩中的一件"系璧"极为流行。"系璧"通常直径在5厘米左右，小巧玲珑备受人们喜爱。此璧开片齐整，地子光滑，谷纹排列密集有序，边棱剖面为方形，系典型汉璧。由于磨光水平提高，战国和汉代玉璧的地子要比凸起的谷纹明亮，一条条相互交织的抛光"光道"，熠熠生辉。

如意纹双龙首佩（汉代）一对

A pair of carved pei-pendant in shape of two dragons' heads with ruyi pattern (Han Dynasty)

长7.6cm 宽4.4cm 厚0.5cm

青玉质，玉质细腻温润，包浆厚实。局部有明灰色沁及灰皮，盘之则无，遇水复出。

器形作片状，龙为双首合身，龙首相对，龙鬓与足相贴，作雕空状；龙脊翅上拱琢成双层如意纹，极具装饰效果。此佩成对出现，设计独具匠心，颇具美感，有较高收藏价值。

龙凤纹双环出廓璧（汉代）一对

A pair of carved double-ring jade "bi" discs with dragon and phoenix design (Han Dynasty)

宽 10.0cm 径 6.4cm 厚 0.5cm

白玉质，玉质缜密，厚实温润。器表呈现玻璃光包浆状态，精光内敛，古韵盎然；受褐色沁，沁色过渡自然；絮状和爆米花状饭糁深入玉质，局部有轻微钙化现象，生坑特征明显。

璧体由双环构成，两侧分别镂雕一龙一凤穿绕其中，龙凤首均作出廓状，造型新颖，充满张力，图案装饰性强。此器与周南泉、李彦君先生所编著的《中国玉器投资与鉴藏》一书的"龙凤纹环形饰"器形相同，工艺拙朴，乍看寻常，然细品之下，则觉古人匠心所在，具有较高的工艺价值与艺术价值。

绞丝纹重环璧（西汉）

Carved jade "bi" Disc in shape of overlapping rings (Western Han Dynasty)

外径6.3cm 厚0.5cm

绞丝纹亦称“扭丝纹”，或“陶索纹”。该纹饰盛于战汉时期，此璧系和田白玉中最为上乘的“石英白”，玉质缜密无瑕。因密度高，同体积的石英白重量远重于一般山料和田玉，甚至籽料玉。

绞丝纹璧生坑特征明显，器表有灰皮。稍经盘玩即会呈现如脂似蜡，精光内蕴的宝光。可玩可佩极具收藏价值。

双龙首出廓璜（汉代）一对

A Pair of carved jade "yuan" in shape of dragons' heads (Han Dynasty)

长 14.3cm 宽 5.0cm 厚 0.5cm

白玉质，受石灰沁，玉质整体白化，局部有褐色沁斑，开窗处玉质莹润通透，水藻沁斑深入玉理，生坑特征明显。

此璜主体双龙首同体，周身饰谷纹，排列规整，疏朗精致。璜内洼处饰一镂雕螭纹，张嘴露牙，鬃毛后卷，作奔跑状，形体矫健有力。此璜工艺精致，沁色神秘古旧，且以成对形式出现，弥足珍贵。

双螭双龙首出廓璜（汉代）

A pair of carved jade "yuan" in shape of the heads of two hornless dragons and two dragons (Han Dynasty)

长13.8cm 宽3.9cm 厚0.8cm

背面

黄玉质。表面有氧化现象，为白色灰皮，局部有斑块状赭色沁，沁色变化浓淡有序，深入肌理，沁门处已质变，有晶状物析出，为生坑玉器。

璜在古代历来被视为重宝，“它的形状来源于古人观察到长虹挂于山涧，两头饮水，以为是神灵，故摹其形而琢。”此璜工艺精湛，两面纹饰不同。一面为造型相同的双螭“牵手”盘璜，两首相抵，圆眼猫耳，猫头蛇尾，盘蜒曲折，生动传神，两螭卷翅蹬腿，腿部均琢平行短阴线；一面为龙首正面，龙嘴微闭，龙须上卷，阴刻滴水形目，眼角出梢，鬓毛上扬。器身主体饰4排平整的勾连谷纹，剔地平整，砣琢精致，解玉砂碾磨痕迹明显。

此器形状独特，美丽大方，造型罕见，为汉代玉璜精品。

双龙首出廓璜（西汉）

Carved jade "yuan" in shape of double dragons' heads (Western Han Dynasty)
长 14.1cm 宽 5.1cm 厚 0.5cm

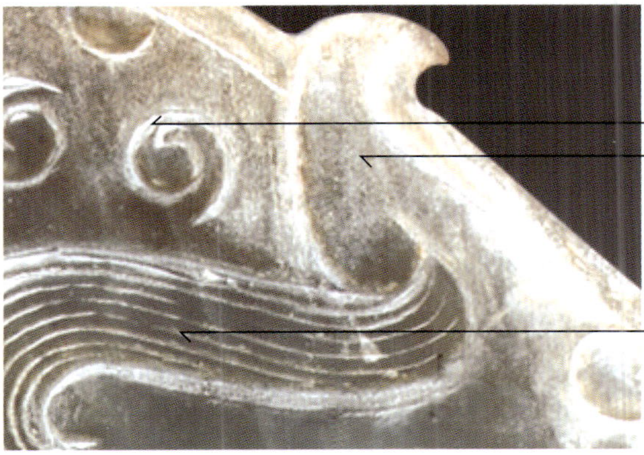

阴刻线顺势断续连接痕迹
解玉砂加砣轮碾磨的痕迹
游丝线粗细不一，周边无崩裂，典型的砣轮琢碾工艺。

白玉质，整体受铜绿沁蔓延，呈黄绿色，器形同时受土沁和水沁，有氧化灰皮，生坑特征明显，品相开门。

璜为古代六大礼器“六器”之一，《周礼》中有以“玄璜礼北方”。此璜质地细腻缜密，手感深沉，品相极好。璜主体为双龙同体，出廓处为镂空双凤，造型大气，线条古拙自然。时代特征明确，有重要艺术价值。

双螭纹圭璧（汉代）

Carved jade "gui" disc with two hornless dragons design (Han Dynasty)

长 10.1cm 宽 7.4cm 厚 1.4cm

白玉质。玉质温润缜密，包浆厚实。通体受赭色铁质沁，沁色如丝如缕深入肌理，开窗处能见白玉质。

圭璧是圭与璧的组合体，源于春秋时期，战国以后多有模仿。圭璧只有天子才能拥有，但属于天子持有的圭璧极为罕见，出土和传世的圭璧一般为各诸侯方国私制品。春秋时期“礼崩乐坏”，在奴隶制社会向封建社会嬗变期的历史背景下，各路诸侯怀着复杂的心态图谋天下，却又心怀顾忌；侵吞兼并邻国，却必须打着仁义之师的幌子。这种复杂而晦涩的社会心理，必然产生特殊的艺术形态。那些器形偏小、纹饰怪异、象征性强的圭璧就是那个时代特定的产物。

但这件圭璧是汉仿器型。圭的主体光素无纹，璧为双螭出廓状，双螭分据璧的两端，螭首上下相背，螭琢圆形目，猫首猫耳，为汉代经典纹饰。

螭凤穿环镂空佩(西汉)

Carved jade pei-pendart in shape of a hornless dragon and a phoenix jumping through a ring in openwork. (Western Han Dyansty)

径7.8cm x 6.0cm 厚0.4cm

受土沁、水沁影响，产生失水现象，雪花状饭糁由表及里深入玉质，浮于肌理。

和田青玉质，玉质致密细腻，包浆厚实油润，器表玻璃光感明显。器物整体受土沁、水沁影响，产生失水现象，雪花状饭糁由表及里深入玉质，浮于肌理，沁入物过渡自然，土门孔清晰可辨，真品特征突出。

此佩主体为平地打洼的环，环饰阴刻云纹，螭凤穿环而过，穿插盘旋。凤阴刻滴水目，张嘴尖喙下勾，花冠上卷，凤首出廓。凤尾修长曲折，一肢踏尾，肢琢两趾饰平行短阴线；螭独角分叉，头顶招风耳，作爬行回首状。螭凤共存，喻意“龙凤呈祥”；凤螭穿环，造型如花，喻意“花开富贵”。

螭凤穿环镂空佩工艺精湛，制作精美，极具装饰性效果，时代特征明确，具有重要的鉴赏价值和艺术研究价值。

玉龙凤纹瑗(汉代)

Carved jade "yuan" with the design of a Hornless dragon and a phoenix design (Han Dynasty)

径 8.5cm 厚 0.5cm

白玉质，受石灰沁和铁质沁，器表覆盖灰皮，有晶状物析出，局部赭色沁透及玉质肌理。生坑特征明显。

此器与广州南越墓出土的龙纹玉环器形类似，螭龙为主体，凤为附庸物，螭凤相间，缠绕穿行。螭张嘴露齿，下颌如钺，杏仁眼，眼角出梢，刚健威猛；凤琢杏仁目，阴柔纤细。螭凤我中有你，你中有我，刚柔相济，阴阳相生，极具和谐感与装饰效果。

双凤纹兽面镂空佩（西汉）一对

A Pair of carved jade pei-pendant with a beast face and two phoenixes design in openwork (Western Han Dynasty)

径 6.8cm x 6.6cm 厚 0.7cm

白玉质，玉质缜密细腻，包浆厚实，局部受石灰沁、水银沁、铁质沁等多种沁色，各种沁色深入肌理，相生相随，交相辉映，生坑特征明显。

兽面纹是出现比较早的一种纹饰，在新石器时代晚期到战汉时期的玉器上都能见到。早期，最为典型的兽面纹当数良渚玉器。到了商周时期，绝大多数兽面纹变得简化、抽象，神态凶狠，有上唇而无下颌，基本与青铜器上的兽面纹相一致。这种纹饰我们习惯上称为“饕餮纹”。饕餮是传说中龙的九子之一，生性凶残、贪食，一不小心把自己的下巴吞到肚子里了。

到了春秋战汉，饕餮纹逐渐装饰化、图案化，并作为一种装饰性纹饰在玉器上出现。此器工精质佳，时代特征明确，是汉代佩饰物精品之作。

双龙凤弦纹镂空佩（西汉）一对

A pair of carved jade pei-pendant in shape of two dragons and phoenixes with bow string pattern (Western Han Dynasty)

径6.6cm 厚0.5cm

白玉质，玉质绵密细腻，包浆厚实，局部受石灰沁、铁质沁等多种沁色，各种沁色深入肌理，相生相随，交相辉映，生坑特征明显。

此佩为汉代装饰用玉，两面纹饰相同。双龙首相背，龙角相依，两凤张嘴勾喙，花冠高耸相抵，龙凤挺胸拱身，身体相间交陈，缠绕穿行，阴阳相生，刚柔相济，绕成一个生生不息的“圆”。双龙凤用如花般美丽身躯盘护着一个礼天之璧，充满动感与装饰效果，传递着一种强烈的喜庆与和谐信息。

双龙凤弦纹镂空佩构思大胆，制作精美造型奇特，且成对出现，十分珍贵。

圆雕玉卷尾龙（西汉）

Carved jade altorelievo in shape of a tail-curling dragon (Western Han Dynasty)

径 6.6cm x 5.8 cm 厚 1.0cm

和田白玉质，玉质缜密温润，包浆厚实，精光内敛，为西汉圆雕龙的典型器，具有重要的文物和观赏价值。此器融水沁、甘黄沁、饭糁、鸡骨白、土蚀、氧化灰皮等多种地质现象于一体，堪称高古玉鉴定的入门教材。

王充在《论衡》中，是这样描述汉龙的"世俗画龙，马首蛇尾"。这条卷尾龙马首独角、滴水目、猫耳，龙身两侧琢浅浮雕四肢，二趾猫爪。龙背饰以火焰状齿脊，与西汉时期仿商之风一脉相承，尾饰弦纹，以上特征堪称汉龙典型器之一，与红山的C形龙又有几分神似。那么，如何鉴定它是汉龙？行话说："土格（出土）是证据，沁色是历史"。

从理论上讲，沁入肌理的甘黄沁需用1500年以上。至于饭糁，如此致密的玉质，成沁时间须在2000年以上。

除以上原因外，这件器物具备汉龙的以下特征：四足兽体形；猫耳、犬牙、滴水目；"游丝毛雕"砣出的龙鬓。

此龙尾部的弦纹是汉代流行的纹饰，在10倍镜下可见粗细不一，深浅不同的砣机抛光痕迹和横向平行螺纹，其砣速与汉代其他器形一致。雕刻技法融线割、游丝毛雕、透雕、圆雕和浅浮雕于一体，为汉代玉器艺术的鉴赏提供了宝贵的实物资料。

汉代是一个国力强盛，极具创意的积极浪漫主义年代，先秦诸子思想和学说都受到不同程度的重视，所以"汉人"活在现实、冥界、仙界交杂并陈的世界中，体现的玉雕作品无不充满才情与灵动。

圆雕玉咬尾龙（西汉）

Carved jade altorelievo in shape of a tail-biting dragon (Western Han Dynasty)

径 6.0cm 厚 0.9cm

鲤鱼跃龙门即成龙，这个传说十分古老，在西汉时代就有了实物版本。这条咬尾龙就是民间传说的形象化身。史树青先生在古玉鉴定中，描述汉代龙尾时概括了3个特征，其中之一是“雕成鱼尾状，其上有条纹，尾部分叉”。

咬尾龙马首滴水目，卷云眉、卷云鼻，龙身饰浅浮雕云纹和方角云纹，龙尾分叉，琢弦纹似鱼尾，琢工细腻精湛。

此龙为和田白玉质，龙身受水银沁，沁色深入玉理，过渡自然。表面有白色氧化灰皮，玉理产生质变，迎光有闪烁的晶状物析出，俗称“银星斑”。咬尾龙为传世品，经过把玩，呈现半熟坑状态。

所谓生坑玉器，指出土后未经盘玩，上面的粘附物及特征会提供大量的研究信息。熟坑是指出土经年，经过大量盘玩，玉性逐渐恢复，玉质变得温润熟滑，宝光内蕴，沁色漂亮，包浆厚实。民间所说的古玉盘玩得“几分熟”，是指玉性恢复、重整的程度，玉质变化大小的模糊概念。

梭形龙（西汉）

Carved jade in shape of a spindle dragon (Western Han Dynasty)

长 11.4cm 宽 4.0cm 厚 1.8cm

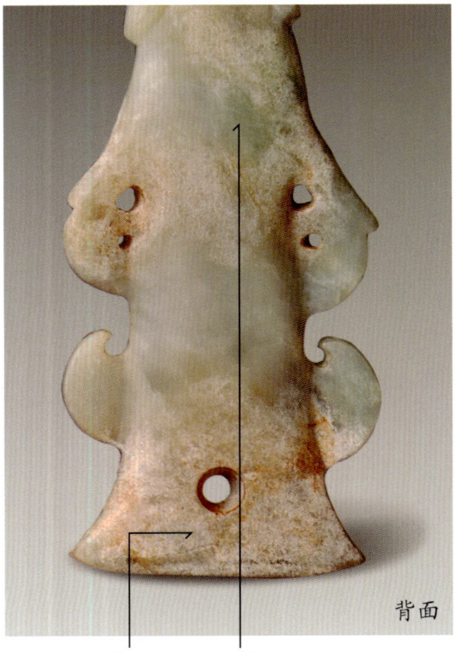

和田白玉质，质地缜密，手感深沉，种头极佳。器物受土沁、铜绿沁，局部呈解理状态，有晶状物析出，迎光闪烁。

在高古玉器的家族中，汉代玉器对龙的描述最为丰富多彩，有螭形龙、夔龙、犀形龙、应龙、蟠龙，以及各种形态的变形龙纹，其中马首龙便是一种较为常见的造型。梭形龙是一件“特殊器”，至今未见同类器形面世。

此器马首、尖耳、扇形尾，整体呈三角形状，仿佛一部航天器，充分体现了古人丰富的想象力。梭形龙分龙首、龙身和龙尾三个部分，龙首两道弦纹代表龙鼻，柱形孔芯，浑圆的管钻孔为龙嘴，如意形龙鬃在天空疾飞中，逆风束成尖状；龙身的主体为角和耳，龙角琢弦纹与龙耳紧贴自然卷曲，龙翼倒勾充满张力；尾部呈扇形张开，大小两个喇叭孔对钻，中间有台痕。器身表面有明显解玉砂反复砣碾留下的痕迹，土锈斑浮于表面，细究之下原来早已沁入肌理。

梭形龙造型奇特，工艺精湛，动态感极强，存世极罕，可挂可佩可把玩，堪称高古玉器中的奇珍异宝。

凤鸟佩（西汉）

Carved jade pei-pendant in shape of a phoenix (Western Han Dynasty)

长 9.5cm 宽 5.1cm 厚 0.9cm

断续阴线——“以直取弯”砣刻工艺示意图

高古玉的刀口没有崩裂痕迹，这是由于古砣具运行速度慢的缘故。

青玉质。局部受石灰沁，器表有较重灰皮，与灰皮接触部分玉质已质变。玉质细密，手感深沉。

龙凤题材的作品进入汉代，一方面，凤的附庸待遇依然没有根本性改变，大多作为龙的配角出现，甚至只是龙身的一个部位；另一方面，在龙凤题材的玉作中，作为主体单独出现的玉凤或凤纹却骤然增多。此中的矛盾，让人想起汉代男权与女权之争。两汉是女权主义扬眉吐气的时代，在汉代妇女的地位、作用和妇女权益的保障，明显高于其他封建朝代，故有“凤鸣两汉”之说。

凤作站立状，凤冠高扬，尖喙下勾，凤尾上扬分叉，管钻圆形目；凤喙与腹部、凤尾回卷处各有一个管钻孔，两个孔口定位准确，一个稍呈椭圆形；平行双阴线贯穿主体，两侧各饰变形云纹、网格纹。此佩肉身厚，用料精良，是汉代早期凤形佩精品之作。

卷尾盘螭佩 （西汉）

Carved jade pei-pendant in shape of a tail-curling hornless dragon (Western Han Dynasty)

长10.4cm 宽6cm 厚0.6cm

黄玉质。玉质黄如鸡油，纯净无杂质；器表油润，橘皮纹抛光，局部受褐色沁，沁斑深入肌理。黄与“皇”谐音，高贵吉祥，黄玉历来备受推崇。

器形主体呈圆形，螭昂首挺胸卷尾，一足踏尾端，张嘴露牙，作蓄势待发状，獠牙之后有3个管钻孔，代表数颗牙齿；头顶花冠，尾琢绞丝纹，花冠后垂分叉，一端贴脖，一头搭尾，动感十足。螭身下端琢如意纹，比拟云朵，意味祥龙腾云驾雾。器身主体饰云纹，网格纹，阴刻线底槽光滑，边缘干净无崩裂，为典型砣轮加解玉砂碾琢而成，真品特征开门。此器用料经典，造型独特，时代特征明确，极具收藏价值。

弦纹尾螭龙佩（西汉）

Carved jade pei-pendant in shape of a hornless dragon with bow string pattern (Western Han Dynasty)

长8.5cm 高6.7cm 厚0.5cm

白玉质，通体受铜绿沁，沁色翠绿如鹦哥之羽，浓淡不一，过渡有序。

此佩乍看像一艘龙舟，螭首高昂，螭身如舟，尾琢弦纹；螭下颌如钱，平角，鬃毛后扬上卷，身饰节状纹，内填网格纹。螭龙佩造型奇特，玉质精良，沁色美丽，具有较高收藏价值。

螭龙卷璧佩（西汉）

Carved jade pei-pendant in shape of a hornless dragon (Western Han Dynasty)

长8.8cm 高6.7cm 厚0.5cm

青玉质，局部受石灰沁，有钙化现象，土坑特征明显。此佩造型颇似蜗牛，首尾相接，螭龙张嘴露牙，身饰云纹，龙尾收束上卷裹一谷纹璧。设计别致，造型奇特，具有很强的艺术感染力。

螭凤纹佩　（汉代）

Carved jade pei-pendant with the desisn of a hornless dragon and a phoenix (Han Dynasty)

长11.5cm 宽6.7cm 厚0.4cm

白玉质，质地和种头极佳，器表油润。螭凤回首相望，情意深切。此佩局部受土沁，并有土格现象，沁色深入肌理，生坑特征明显。凤首有两处土咬形成的蚀孔，孔口外小内大，呈现解理现象。以上均为真品特征。

兽面纹螭纹镂空佩（汉代）

Carved pei-pendant with a beast face and a hornless dragon pattern (Han Dynasty)

长9.0cm 宽7.0cm 厚0.7cm

黄玉质。种头极佳，手感深沉。微受赭色沁，沁斑如丝如镂，器表橘皮纹抛光痕迹明显，精光内蕴。有白色饭糁深入玉理。

此佩为镂空形制，中间琢一回头螭，张嘴露牙，阴刻滴水目，作爬行状。玉佩上下端分别琢兽面纹，边缘饰以云纹和流云纹，装饰性强，工艺精美，为汉代玉佩饰中的精品之作。

子辰佩(汉代)

Carved jade pei-pendant in shape of a rat and a dragon (Han Dynasty)

径6.0cm 厚0.8cm

白玉质,受黛青色沁,为古玉中的"虾子青"。这种青色一般来自水银沁和铜绿沁,黑与绿两种颜色交织所致。玉质细腻温润,包浆厚实,局部有褐色铁质沁,器表有氧化灰皮,生坑特征明显。

子辰佩与司南佩、刚卯、翁仲等均为汉代的辟邪佩饰。子辰佩雕有互为顾盼的一龙一鼠。

在十二生肖中,子代表鼠,辰代表龙,因此两者合雕在一起称为"子辰"。此风始于汉代,到明清尚有制作。

在天干地支中,十二生肖代表十二支,老鼠在子时,龙在辰时,此二时为半夜到清晨。人类通过平时观察发现,人自然死亡或病死的时间大都在这两个时辰,因此汉代制作了辰佩以保平安。到了明清两代,人们认为给小孩佩戴子辰佩有望子成龙的含义。

后代又发展有子辰璧、子辰瑗、子辰环等。此佩玉质精良,琢工大气,诚为汉代子辰佩的精品之作。

龙虎纹玉带钩（西汉）

Carved jade belt hook with dragon and tiger design (Western Han Dyansty)

长 9.8cm 宽 2.1cm

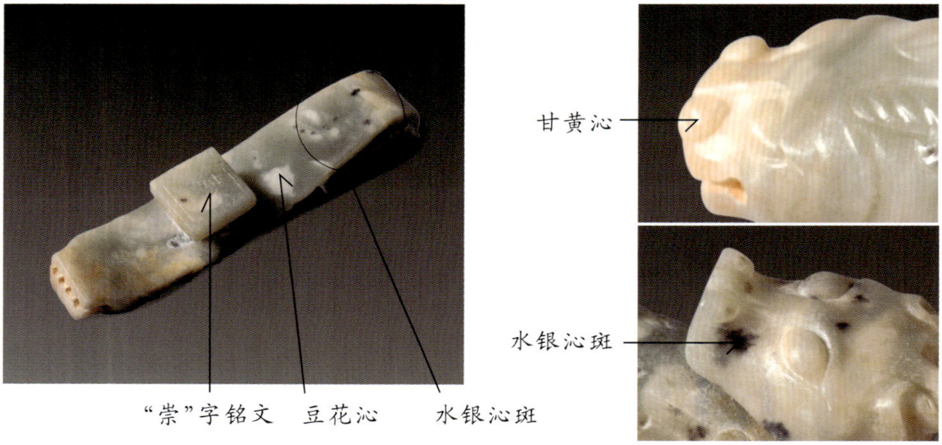

青玉质，玉质熟旧，温润如脂，光感幽亮。器物受水沁、水银沁、土沁，整器青绿润泽，绿中透黄，局部有甘黄色、黑色墨点沁斑，以及由失水引起的白化（豆花沁）现象。

带钩是古人用于系扣腰带的用具，由钩头、钩身、钮三部分组成。目前，已知最早的带钩出土于良渚文化遗址。玉带钩流行于春秋，盛于战汉时期。此器钩首为龙头，饰“几”字形耳，浅浮雕滴水目，蒜瓣鼻，龙嘴微闭。钩尾饰一虎首，虎张口露齿，双目前视神态凶猛；虎口有 4 个纵向圆形管钻孔，2 个横向圆形管钻孔，代表牙齿。钩身饰浅浮雕云纹、兽面纹、柿蒂纹，纹饰精美。钩背光素，方形钩钮上阴刻一“崇”字铭文。

此钩造型绮丽精致，用料精良，沁色美丽，且具铭文元素，是汉代玉带钩难得的精品。

玉螭首觿（西汉）

Carved jade "xi" in shape of a hornless dragon's head (Western Han Dynasty)

长 10.5cm 宽 3.2cm 厚 0.4cm

絮状和爆米花状饭糁，这是因失水现象引起的。

和田白玉质，玉质细腻温润，器表呈玻璃光包浆。局部受浅紫色沁，色如剥壳皮蛋，亦叫皮蛋沁。絮状和爆米花状饭糁由表及里深入玉质，沁入物层次分明。高古玉上的玻璃光有两种，一为抛光所致；二是在潮湿、密闭的环境中形成的。其中，颗粒细、密度大的玉质，盘过的比没有盘过的更容易形成玻璃光。饭糁和玻璃包浆是高古玉辨伪的两个重要“看点”。

玉觿又称玉冲牙，原型为食肉动物的门牙。旧石器时代，动物门牙已经作为装饰物佩挂在脖颈上，用于辟邪，代表力量与美感，兼作解绳工具。玉冲牙始现于良渚文化时期，流行于商周战国，战国和汉代的玉冲牙制作最为精美，一般作为组佩使用。

此器琢螭首尖尾形如弯弓，器体修长大方，饰以平行阴线、云纹、节状纹，头部有一管钻圆形系孔，孔径虽不足1毫米，定位却不偏不倚，十分准确。螭鬃毛后扬上卷，琢浅浮雕杏仁目，眼角出梢，上下颌如钺，一足撑于躯体上，翅膀贴体回卷，尾部细长状若獠牙。玉螭首觿造型精美，工艺精湛，细处薄如蝉翼，犀利见锋，当为战国晚期至西汉早期之间的玉冲牙精品。

玉镂雕回首龙形佩（西汉）一对

长9.0cm 宽5.8cm 厚0.5cm

Carved jade pei-pendant in shape of a looking-back dragon in openwork (Western Han Dynasty)

和田白玉质。玉质滋润无瑕，致密坚韧，包浆厚实，汉制特征开门。这种玉料为汉代玉器大量使用的白玉料中最为上乘的材料，王文浩先生在《汉代玉器》中称其为“石英白”，“石英白”非“石英岩”，看似通透，却通而不透，玉质肌理中有明显的云絮状自然纹理，类似石英。在和田玉的历史长河中，这种玉质仅为昙花一现，在东汉末年已难寻踪迹。著名考古学家夏鼐先生曾指出，此种玉料就是文献记载的“羊脂白玉”。

两件玉器大小一致，外形尺寸如出一辙，细部的厚薄、工艺却有明显差别。最令人惊奇的是，一件除头部微受赭红铁质沁外，通体几无受沁；另一件却受满沁，分别为石灰沁、澄蓝色沁（虾子青）。

沁，是指一种物质进入到另一种物质里面去的渗入和渗透现象，以物理现象为主。许多物质，在一定条件下，都可以渗入到玉质中。沁入玉器的物质，处于分子状态的一般不与玉器发生化学反应，保持原物质形态，但其中也可能有少量的物质同玉质发生了化学反应，产生另一种物质。玉质受沁程度的大小因土壤、气候、压力、温度等条件而异。同一批玉器，在同一个坑土中，因放置的位置、朝向、接触的物质不一样，会产生完全不同的沁色。这两件就是一个鲜明的例证，堪称坑土与沁色关系的“教案”。

此龙呈“S”形，回首张望，下颏如钺，獠牙对钳，亦称为螭。两件玉器均呈现生坑状态，整体饰谷纹，谷纹稀疏，排列有序，迎光转动，地子的光泽超过纹饰表面，此为鉴定战汉时期玉器真伪的一个重要依据。

圆雕凤螭佩（西汉）

Carved jade altorelivo pei-pendant in shape of a phoenix and a hornless dragon (Western Han Dyansty)

长5.7cm 高4.1cm 厚1.2cm

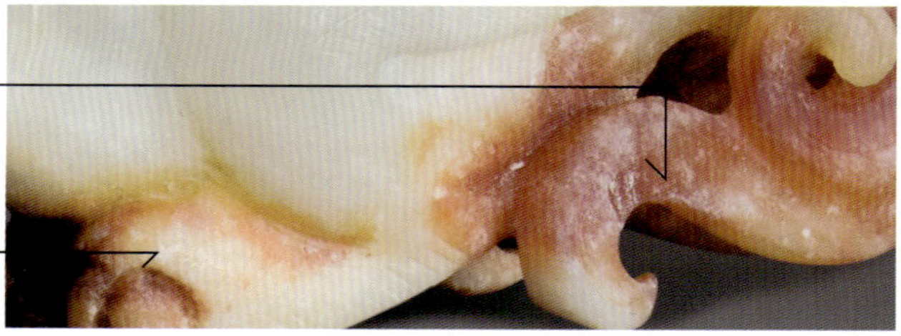

和田白玉质，光泽幽亮，温润熟旧，包浆厚实，灰皮挂身；受石灰沁，乳白沁色浸入肌理，受沁部分有赭红色沁斑，局部白化和钙化；钙化部分呈现鸡骨白现象，生坑特征明显。

此佩以圆雕形式出现，凤与螭同体共存，凤为佩饰主体。凤饰杏仁目，饰双翅，琢双足，闭嘴勾喙，凤首上扬，双角后垂。凤体作弓状起伏，凤尾化为螭首。螭饰双角，张嘴露牙，口吐云纹状凤尾翼，尾翼拖地上勾。此佩喻意“龙凤呈祥”，以凤为主体，螭为陪衬，这种题材在汉代多有出现。

此佩造型生动，喻意深刻，选料精良，工艺精湛，为汉代同题佩饰精品，有重要收藏与审美价值。

双螭首连身佩（西汉）一组4件

Carved pei-pendant in shape of two Hornless dragons sharing one body (Western Han Dynasty)

长8.3cm 宽5.7cm 厚0.5cm

黄玉质，玉质细腻温润，包浆厚实。局部受石灰沁，有白色斑沁，沁色深入肌理，过渡自然。

玉螭双首同体，相背昂视，双角相抵，龙鬓相依。螭张嘴咬翅，下颌如钺，阴刻滴水目，眼角出梢，斜刀法琢出三道翅，器身用"昆吾刀"阴刻变形云纹。此佩设计独具匠心，拙中见精。4件佩形体看似略有差别，然相叠之后却分毫未差，令人惊叹。

兽面纹牌饰（西汉）

Carved jade plaquette with beast face design (Western Han Dynasty)

长 7.6cm 宽 6.6cm 厚 1.0cm

白玉质。受石灰沁，器体覆盖白色沁斑，开窗处玉质缜密，晶莹润白，包浆厚实，质地上乘，生坑特征明显。

兽面纹亦称饕餮纹，为汉代最主要辟邪镇凶的纹饰之一。此器为一牌饰，造型简洁大气，生动传神。兽面双角相对，琢绞丝纹，内卷紧护一如意状冠帽饰；双鬓上竖，与双角相倚，互为呼应。兽面琢浅浮雕圆形目，卧蚕眉，如意鼻，鼻两端有孔，代表獠牙；双颊琢三道皱折纹，喻脸部肌肉，神态凶狠。

此器工艺精湛，用料精良，背面光素无纹，时代特征明确，为汉兽面纹经典之作。

螭虎纹云纹方形佩（西汉）

Carved square jade pei-pendant with hornless dragon and cloud pattern (Western Han Dynasty)

长 8.9cm 宽 3.7cm 厚 1.6cm

和田白玉质，种头极佳，手感深沉，包浆厚实，光泽幽亮如骤雨初歇的天空。方形佩三分之二处受黛青色沁，为“虾子青”；下部生坑特征明显，灰皮盘之复出，开窗见地现白玉质，分别受甘黄沁和洒金沁。

螭虎盘佩，背琢浅浮雕云纹、方角云纹、变形龙纹。迎光旋转，随着视角变化，这些纹饰有凹凸相向，阴阳向悖现象。此为鉴定战、汉高古玉器的一个重要手段。

纹饰主体螭头如虎，猫耳，正面迎视，目光凶悍；尾琢绞丝纹，四肢雄健有力，腿琢平行短阴线，整体充满肌肉感和张力。一般认为，方形类的佩宋明以后始大量盛行，战汉以前极为罕见。此器工艺之精，存世之罕，用料之佳，诚为民间国宝。

双龙首方形镂空佩（汉代）

Carved square jade pei-pendant in shape of two dragons' heads(Han Dynasty)

长7.8cm 宽3.9cm 厚0.6cm

和田白玉质，玉质细腻油润，光泽幽亮，种头极佳。器表有灰皮，受石灰沁，受沁部分呈甘黄色，有轻微钙化现象，生坑特征明显。

此佩主体视觉效果为方形，方形的镂空佩、方形的龙首、方形的龙角，器形对称工整。方形佩四周边框凸起，中间填以减地云纹、卧蚕纹、变形龙纹、网格纹，纹饰丰富，于繁密中见疏朗。双龙首同体，共拥一条尾，边锋锐利，抚之扎手；龙首琢方形角、方形卷云鼻、椭圆形目，龙嘴微张下颌内卷，一端龙首下颌与龙身琢有圆形管钻孔，用于挂系；龙尾并拢卷成圆圈状，琢宽面阳线，整件器形方圆有致，和谐统一。

从此佩的工艺和纹饰特征看，年代应在战国晚期与西汉早期之间，工艺精美，造型宅中图大，是战汉时期佩饰中罕见的精品，具有重要的文物研究和收藏价值。

凤鹿佩(汉代)

Carved jade pei-pendant in shape of a phoenix and a deer(Han Dynasty)

长10.6cm 高7.6cm 厚0.4cm

黄玉质,温润熟旧,宝光内蕴。局里受土沁,器表有甘黄色附着物和灰皮,与玉质接触处已发生质变现象,沁斑深入肌理,生坑特征明显。

佩饰主体为一凤一鹿,凤飞鹿腾。凤作展翅回首状,尖喙下勾,花冠内卷似云纹,翅分三股,凤尾分叉倒卷成如意纹;翅尖内卷,翅琢阴刻线,代表羽毛。阴刻线两头尖中间粗,为典型的砣轮碾磨痕迹。鹿作腾跃回首状,鹿茸华美,与凤翅相抵,鹿身琢一如意,恰似灵芝。凤鹿佩上有8个管钻孔,孔径皆呈不规则圆形,内有粗细不一的螺旋钻痕。这些圆孔大至3毫米,小者不足1毫米,体现了汉代高超的钻孔水平。

此佩喻意吉祥,凤鹿为"俸禄"谐音,加上如意挂身,更添喜庆色彩。汉代是俸禄制度正规化的开端,朝廷按官吏级别,给予相应的待遇。东汉初年,又规定凡官吏俸禄,钱币与实物各半。至南朝梁时,官吏级别实行九品制,俸禄亦依此而推。此后各个朝代,俸禄制度更加严密。

凤鹿佩制作精良,线条舒展大气,造型极具张力,喻意吉祥,时代特征明确,有重要的文物研究价值。

方形龙凤佩（汉代）

Carved square jade pei-pendant in shape of a dragon and a phoenix(Han Dynasty)

长 7.7cm 宽 4.0cm 厚 0.7cm

白玉质，温润熟旧，光感内敛。局部受石灰沁和铁质沁，受沁部分玉质有轻微白化现象，有晶状物析出；由铁质沁产生的赭红色沁斑深入肌理，过渡自然有序，生坑特征明显。

佩的主体图案为长方形，龙身呈直角折成一镂空佩饰状，阴刻鸟纹和流云纹，龙张嘴露齿，下颌如钺，阴刻滴水目，龙鬃上扬。龙琢一足，龙尾分叉，龙身派生一凤首，凤尖喙下勾，花冠上卷。“战螭如龙，汉螭如虎”，此龙在战国即为螭，但少了战螭的霸气和犀利感，而变得圆滑，充满装饰性。

此佩用料精良，造型简洁，刚柔相济，时代特征明确，弥足珍贵。

玉镂雕双龙四凤佩(西汉)

Carved jade pei-pendant in shape of two dragons and four phoenixes in openwork (Western Han Dynasty)

长7.5cm 最宽6.7cm 厚0.4cm

白玉质,玉质致密温润,光泽幽亮,包浆厚实;受石灰沁和铜绿沁,整器受铜绿沁蔓延,绿色沁斑深浅不一,过渡有序。

此器呈平行对称构图,龙凤同体列分左右,构成主体纹饰。龙张嘴露牙,平角上扬,两龙鬃毛相依形成"几"字纹;凤张嘴勾喙,花冠分叉,曲体抵吻;龙凤在和谐的嬉戏中,派生出两凤首,图案繁缛绮丽。

尽管汉代是一个女权主义盛行的社会,却依然摆脱不了"龙在上,凤在下"的男权思想的束缚,这大概就是此佩的象征意义和主题思想。"双龙四凤"的象征意义让人深思。旧社会一夫可娶一妻多妾,而不能反过来。清末学者辜鸿铭的"茶壶与茶杯"论看来是有根据的。

玉镂雕龙纹冠形佩（汉代）

Carved coronary jade pei-pendant with the design of four dragons in openwork (Han Dynasty)

长6.9cm 宽5.9cm 厚0.4cm

青玉质。玉质细致坚硬，包浆古旧厚实。器表呈橘皮纹抛光现象，局部受沁，产生失水现象，白色饭糁浮于玉质肌理；搜弓拉丝镂空处，可见清晰的垂直拉磨和横向磨光的痕迹；刀痕处有暗红色的朱砂斑块，外圈有油状涸层，真品特征开门。

此佩由4条夔龙组成冠帽状，龙阴刻椭圆形目，云鼻，龙鬃后扬，龙首朝下，龙尾朝上，其中两龙呈咬尾状；龙身蜿蜒，龙尾弯曲上冲夹住一个盾牌。此佩造型奇特，装饰性强，时代特征明确。具有重要的收藏价值。

凤形镂空佩(西汉)

Carved jade pei-pendant in shape of a phoenix in openwork (Western Han Dynasty)

径 6.5cm x 5.5cm 厚 0.6cm

和田羊脂白玉质,如脂似蜡,精光内敛,包浆厚实。局部受石灰沁,形成“鸡骨白”现象,相邻处有状如雪花的灰皮和晶状物析出,生坑特征明显。

此佩饰砣刻平行短阴线、滴水形目、阴刻云纹。古玉的鸡骨白现象是在埋葬中形成的,原因一般是地火或石灰温度形成。鸡骨白因其玉料和成因不同,一般分成“鱼肚白”和“象牙白”,命名由色泽而定。这件凤形镂空佩的鸡骨白部分源于石灰沁,经过盘玩后将变成粉红色,俗称“孩儿脸”或“美人醉”。红色的部分正处于凤首,喻意为“红运当头”,或“丹顶红”十分吉祥,极具收藏价值。

盘螭佩（西汉）

Carved jade pei-pendant in shape of a coiling hornless dragon (Western Han Dynasty)

长6.5cm 宽3.9cm 最厚1.1cm

白玉质，油度极强，玉质温润绵密，华光幽亮，如宝珠蒙尘，轻拂则容光焕发。此佩为上乘和田羊脂白玉。受石灰沁，局部钙化，呈现象牙白状态。10倍镜下，器表灰皮呈针状、叶状分布，浅者如大地初霜，浓者如胶似乳。

螭饰猫耳、杏仁目，鬃毛后披，作盘卷状，琢四肢，雄健有力；螭首贴前腿作正面俯视状；器身饰云纹、三角形网格纹。此器沁色古旧神秘，造型别致精细，具有较高的收藏和鉴赏价值。

螭掠兽首佩（西汉）

Carved jade pei-pendant in shape of a hornless dragon capturing a beast's head (Western Han Dynasty)

长 7.0cm 宽 3.8cm 最厚 1.1cm

和田白玉质，油度极强，玉质致密，华光幽亮。受石灰沁，局部钙化，呈现象牙白状态。10 倍镜下，器表灰皮呈针状、叶状分布。

螭饰猫耳、杏仁目，鬃毛后披，作盘卷状，琢四肢；螭首贴前腿作正面俯视状，四肢雄健有力，前肢挟一兽首，形态威猛，动感十足；兽琢双角，双目下垂，一副俯首听命之态。器身饰云纹、三角形网格纹。此器沁色古旧神秘，造型别致精细，具有较高的收藏和鉴赏价值。

鹰鸟佩(西汉)

Carved jade pei-pendant in shape of an eagle (Western Han Dynasty)

长 6.8cm 宽 4.9cm 厚 2.3cm

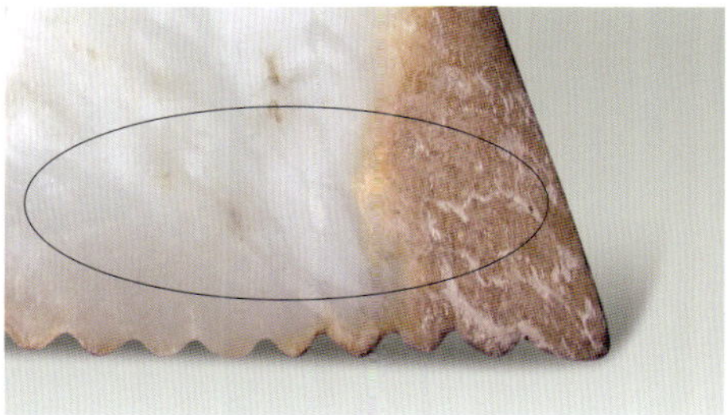

玉质钙化的渐变过程

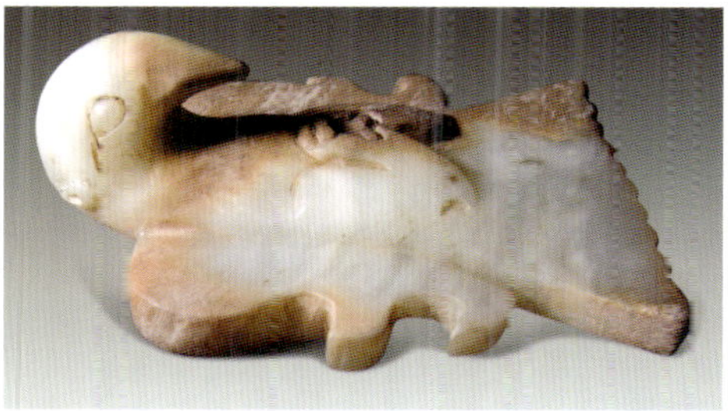

侧面

白玉质。玉质种头极佳,细腻油润。局部受石灰沁,沁色深入玉理,过渡自然,质变部分重度钙化,真品特征明显。

玉鹰背琢浅浮雕羽毛纹,作耸翅欲飞状,鹰首下勾,尖喙与胸平行。鹰爪合拢于胸部,并以浮雕形式出现。两爪合拢处有不规则圆形管钻孔,直抵背部,孔道中有精细不一的螺旋痕迹。此器造型简洁大方,打型准确,用料精良,为汉代玉鹰精品之作。

双龙单凤镂空佩(汉代)一对

Carved jade pei-pendant in shape of two dragons and a phoenix in openwork (Han Dynasty)

长 9.4cm 高 5.2cm 厚 0.6cm

深入肌理的钙化现象

白玉质,通体受赭红色沁,沁色浓淡有序,过渡自然,局部有深入肌理的钙化现象,生坑特征明显。

此佩为龙凤同体派生出一龙。凤昂首挺胸,张嘴勾喙,凤冠高扬;龙首曲居凤体之下,龙凤构成一个相对独立的单元;派生龙张嘴露牙,龙鬃上扬,龙身卷曲,形成一个椭圆形佩,与龙凤体实现美丽的对接,成为一个略呈方形的镂空佩饰。红沁历来被视为"瑞沁",加上红运当头的"丹顶红",所以此器倍加珍贵。

双龙首飞翼盘龙佩（汉代）

Carved jade pei-pendant in shape of a coiling dragon with two heads and wings (Han Dynasty)

径8.2cm x 6.0cm 厚0.4cm

白玉质。质地细腻温润，如脂似蜡，局部氧化现象严重，灰皮突出，生坑特征突出。器表部分受甘黄沁，沁色入质入理，由内向外透露。器表有明显的解玉砂抛光痕迹，拉丝线割镂空痕迹清晰。

此佩双首共体，身体盘卷，两头对望。龙阴刻滴水目，张嘴露齿，下颌如钺，上下獠牙对钳，神态威猛，鬓角后仰上卷。龙身一侧各琢四翼、双足，翼饰鳞纹左右舒展，足琢平行短阴线，二趾，如虎爪。汉代龙纹颇多，此龙为应龙，或称翼龙。此佩造型生动，工艺精湛，弥足珍贵。

龙形佩（汉代）

Carved jade pei-pendant in shape of a dragon(Han Dynasty)

长9.5cm 高5.7cm 厚0.4cm

白玉质。器表油润，油质感极强，此系高古玉器中所称的“油坑品”，器物上“油”来自坑中的油质品，或坑土位于石油层附近所致。通体无明显沁斑，唯局部受褐色沁，沁色深入肌理。

此器主体饰谷纹，排列齐整，谷粒饱满。龙琢滴水目，下颌如钺，上喙如刺，充满张力。龙形佩尾饰细阴线，为汉代典型游丝线。

韘（鸡心佩）

Carved cork-heart-shaped jade pei-pendant

韘形佩俗称“鸡心佩”，源于商周，早期的鸡心佩器形简单，略呈圆筒状，原为古人套在手指上，用于射箭时用的钩弦器，相当于清代的扳指。

殷墟妇好墓出土的商代晚期的韘，可视为该时期的典型器。战国玉韘演变成扁平状的盾形环，丧失了实用的功能，变为人们佩戴的装饰品。两汉时期，玉韘成为最常见的佩饰玉，其造型有了很大的发展，整器作扁片状，盾形环变长，上尖下圆，左右镂雕出廓的螭、鸟、龙、云纹等。西汉晚期至东汉中期，高浮雕动物逐渐运用到鸡心佩上，所琢龙、螭身躯矫健，肌肉隆起，充满活力，这是汉代韘形佩区别于战国玉韘的又一个特征。鸡心佩体现两汉时期琢玉的杰出成就。

黄玉穿云螭龙鸡心佩（西汉）

Carved cork-heart-shaped yellow jade pei-pendant in shape of a Hornless dragon going through clouds (Western Han Dynasty)

高 6.7cm 宽 3.2cm 厚 0.7cm

背面

玉质通体受沁，开窗处能见黄玉质，莹润灵动，如脂似蜡。沁色复杂，受红、黄、黑色沁，各种沁色过渡自然。

此佩正面为穿云螭龙纹，背后阴刻变形云纹，线条流畅精美。笔者长期考究发现，穿云螭龙出现中西汉中期。史书记载："青螭红虬，无云而不能腾飞"，此器便是证据。

鸡心佩(西汉)一对

Carved cork-heart-shaped jade pei-pendant (Western Han Dynasty)
长 8.5cm 厚 2.0cm

背面

瓷化现象，这是古玉的“防伪标志”。

通体受褐色沁，器表呈“年糕”状特征。

通体受褐色沁，器表呈“年糕”状，有牛毛纹，局部地方已瓷化，白色钙饭瘆深入玉质肌理。真品特征非常明显。

鸡心佩一般薄而小，长不过六七厘米，厚不超过1厘米。很少见到大器形和厚肉身的，此佩长达8.5厘米，厚近2厘米，堪称一绝，诚为“鸡心佩之王”。

螭纹鸡心佩（西汉）

Carved cork-heart-shaped jade pei-pendant with hornless dragon pattern (Western Han Dynasty)

长 5.6cm 宽 3.9cm 厚 1.1cm

背面

和田白玉质，玉质缜密温润，包浆厚实，通体无沁，白如截肪。迎光能见少许爆米状、絮状饭糁深入肌理，局部有赭色沁斑。

此佩玉质精良，器形小而充满张力，可把玩可佩挂，弥足珍贵。

双螭纹鸡心佩（西汉）

Carved cork-heart-shaped jade pei-pendant with two hornless dragons pattern (Western Han Dynasty)

长 8.5cm 厚 1.4cm 宽 5.4cm

背面

和田白玉质，玉质细腻，精光内敛，包浆厚实，手感深沉。玉质受水沁，沁缘深入肌理，局部有白色灰皮。

双螭纹鸡心佩，形象生动真实，动感强烈，造型准确，线条流畅，工艺极精，是汉代鸡心佩中的精品之作。

凤纹鸡心佩（西汉）

Carved cork–heart–shaped jade pei–pendant with pattern of a phoenix

(Western Han Dynasty)

高 8.5cm 宽 5.1cm 厚 0.7cm

附：

三凤玉勒子（西汉）

Carved jade "lezi" in shape of three phoenixes (Western Han Dynasty)
高6.8cm 径1.8cm-2.6cm

（浸水一夜后的吐灰情景）

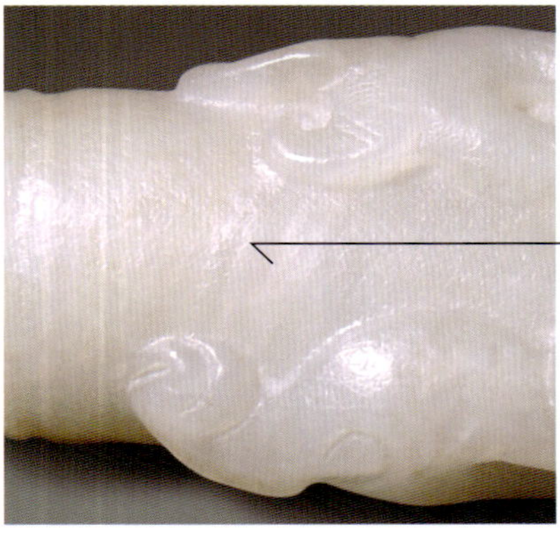

“泪痕”实际上是高古玉器在坑土中的一种变异现象，此为鉴定真伪的一个重要依据。

和田白玉质，包浆厚实，手感深沉，色泽温润老到，蜡脂感强，局部受灰蛋沁，沁色深入肌理，有冰裂结晶现象。器表呈桔皮纹状态，古旧自然，此痕迹当为抛光和地质双重因素所致。凤翼与凤爪之间有一道像水滴在平面上滑过的痕迹，此曰“泪痕”。“泪痕”实际上是高古玉器在坑土中的一种变异现象，是鉴定真伪的一个重要依据。

在中国玉器发展的历史长河中，龙凤纹饰如影随形，或为主流纹饰。战汉时期，龙凤题材的玉器几成时代风格。前771年，周平王东迁，进入春秋战国以后，凤纹由西周时期通常“凤在上龙在下”，变成了龙的附庸品，有时只是龙的一个小小的“点缀”。

进入汉代，一方面，凤的附庸地位依然没有根本性改变，大多作为龙的配角出现，甚至只是龙身的一个部位；另一方面，在龙凤题材的玉作中，作为主体单独出现的玉凤或凤纹却骤然增多。

此中的矛盾，让人想起汉代男权与女权之争。两汉是女权主义扬眉吐气的时代，在汉代妇女的地位、作用和妇女权益的保障，明显高于其他封建朝代。民间寡妇再嫁不受约束，贵族妇女婚姻地位高高在上。吕、窦两太后起，所谓的“母党专政”、“权在外家”情景时有发生，不少妇女拥有爵位并受封邑。例如，刘邦封兄伯妻为阴安侯。吕后当政，封萧何夫人为酂侯，樊哙妻吕媭为临光侯。汉文帝时，赐诸侯王女邑二千户。两汉史籍记载，女子被封侯封君多达30余例。难怪史家戏称：凤鸣两汉。

此勒子三凤附柱，张嘴勾喙，花冠高耸，双爪抓地，凌云欲飞，气宇轩昂，姿态倨傲，大有睥视天下之势。如此纵横捭阖的气度，正是西汉的女权主义一个象征。三凤琢滴水形目，爪二分而勾，腿琢平行短阴线，造型灵动，霸气而充满张力。勒子两端琢弦纹，圆柱不圆，上下口径皆不规则，通天眼、喇叭孔，两头对穿，口沿处有解玉砂旋转磨动出现的粗细不一、长短不一、高低差落的旋线痕。以上特征，均符合汉制玉器。

三凤勒子系海外回流之珍品，笔者曾在一本学术刊物上见到美国一家博物藏有类似器形，被奉为镇馆之宝，时隔多年已无法查考。此勒子经笔者随身佩带把玩三年，仅呈半熟坑状态，遇汗，或入水浸泡依然灰皮挂身。

如果受沁轻重深浅基本可以判断玉器入土年限的话，那么玉器上面的土格（绺裂）则是出土的证据。三年前，刚接触三凤勒子时，顶部有一条土格从口沿处直裂至外缘。如今外缘绺裂不见了，仅剩半丝裂痕若隐若现。坊间传闻，高古玉器经过多年盘玩后土格会自动愈合，笔者一直未予深究。然而，三凤勒子给了笔者一个证明：经过长时间盘玩，随着玉性慢慢恢复、重整，土格的确会自动愈合。

穿云龙豹纹圆勒(汉代)

Carved round jade "lezi" with the design of a dragon and a puma going through the clouds (Han Dynasty)

长7.8cm 径2.7cm

勒子的三个侧面

青玉质,玉质温润致密,手感深沉。受赭红色土沁,沁色浸入肌理,过渡自然有序,受沁部分有晶状物析出,俗称"银星斑",生坑特征明显。

拓片

此勒呈圆柱状,器身以浅浮雕变形云纹、波浪纹打底,分别饰以螭、豹和鸳鸯。中间有管钻孔,孔径呈不规则圆形,孔壁有粗细不均的螺纹痕迹。螭穿云而出,头部朝下,螭琢"几"字耳,杏仁目,螭身隐于云中,尾琢弦纹而分叉;豹嘴微张,鼻上卷,圆形目,圆圈耳,立于云端;鸳鸯神态悠闲,浮游水面。整器纹饰复杂华丽,层次分明,画面热闹喧嚣,充满动感。

此器纹饰精致,工艺精湛,极富创新色彩;相形于汉代其他玉勒子,此勒器形"硕大",气势磅礴,时代特征明确,当为汉代玉器精品。

云纹束腰玉勒子(西汉)

Carved jade "lezi" with cloud pattern (Western Han Dynasty)

高 5.8cm 径 2.4cm-2.8cm

和田白玉质,玉质缜密温润,种头极佳,包浆厚实。器物呈玻璃包浆,局部受褚褐色铁质沁,沁色由表及理,沁入玉质,如丝如缕,在蔓延中过渡自然,绝无"断沁"现象。

汉代西域之路贯通,大量的和田玉在叮当的驼铃声中,源源不断流入中原。汉代仍属于"王玉时代",此时,和田玉的使用率占其达90%以上,且独尊白玉,地方性"杂玉"比例占不到10%。现今的和田白玉贵比黄金,仿品为了追逐利润,绝不可能用和田料。在佩饰品中,是否使用和田玉有时也成为判别战汉高古玉真伪的手段之一。

此器形两头大中间细,呈束腰形式,采用浅浮雕琢法,4条绞丝纹将勒管分出3个区域,由方角云纹、网络纹将每个区域分出6个独立单元,设计巧妙独具匠心。

玉天驼（西汉）

Carved jade god beast (Western Han Dynasty)

高 9.7cm 长 6.2cm 厚 3.2cm

和田白玉质。通体受石灰沁，器形呈现鸡骨白现象，局部风化质变，生坑特征明显。开窗见地，玉质莹润，种头极佳。

“天驼”后肢曲坐，前肢着地，长尾上卷成“S”字形，紧贴臀部，颈部至背部之间饰6只浅浮雕半球形乳钉纹；琢如意鼻，半球形耳，三角形下颌，双唇微张，轻含舌头，鬓毛后卷，八络鬃毛分披背部两侧，倍增威猛之气；“天驼”双目圆睁，仰望苍穹，神情悲怆。

此器像恐龙，又像骆驼，或者它什么都不像，什么都像。它站立案头多时，笔者却始终无法给它定名。叫它“神兽”太笼统，叫它“天驼”则无法找到资料印证。或许，它本身就是战国晚期至西汉早期常见的动物，由于人类肆无忌惮掠夺大自然，导致类似的动物灭绝；或许“此物只应天上有”，至今残存的只是古人留给我们的一种记忆罢了。

“天驼”造型简约，琢工精湛，存世极罕，当为中国古代玉器的瑰宝。它是研究战国晚期、汉代早期圆雕动物的重要实物资料，具有重要的文物价值和收藏价值，取名“天驼”是一种美好的寄托，更是对中国古代文化的敬畏。

方角玉牛（汉代）

Carved jade square-horned cattle (Han Dynasty)

长7.6cm 高3.4cm 宽5.5cm

50倍放大

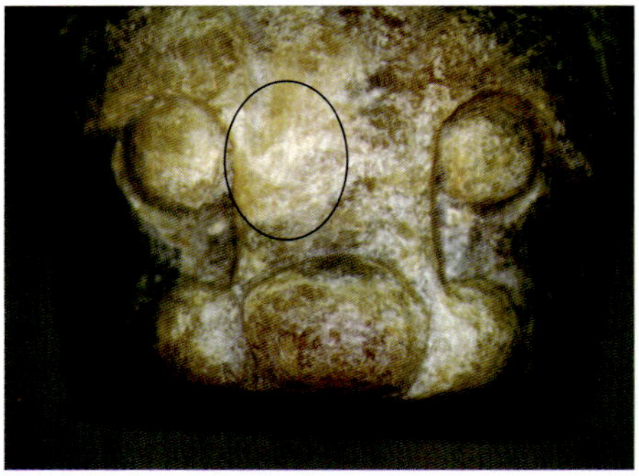

次生结晶现象，这是和田玉的主要构成物质——透闪石中的晶体，受地质环境影响所至。

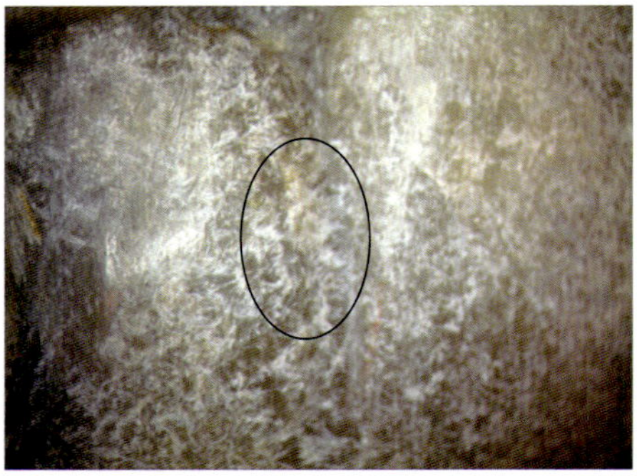

由地质因素形成的“隆包”，此系玉器表面入土而出现的增生物，是鉴别出土玉器的重要依据。

青玉质。玉质温润，蜡脂感强，精光内蕴。大部分受赭色沁，沁色深入肌理，过渡自然，层次分明。器表覆盖灰皮，牛背有土格现象。

玉牛四足前趴，卷尾开叉，呈如意形；头顶方角，双耳似猫耳，附于方角之下；仰首坐地卧如弯弓，牛嘴紧闭，如意鼻突出上唇，砣琢圆目，上饰卧蚕眉。四肢琢平行短阴线，前肢各琢飞翼，线条遒劲灵动。

此牛神态悠闲，似牛非牛，器形独特，形神俱佳。至今未见类似器形面世，有重要的文物研究和观赏价值。

玉天马（西汉）

Carved jade horse (Western Han Dynasty)

长 8.2cm 宽 3.1cm 高 6.3cm

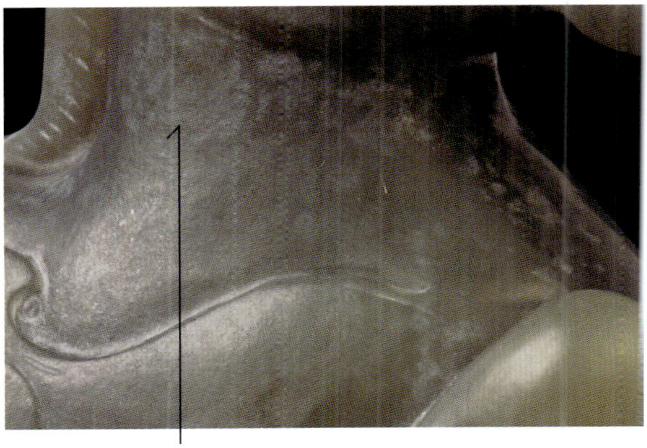

受侵蚀产生的橘皮纹现象

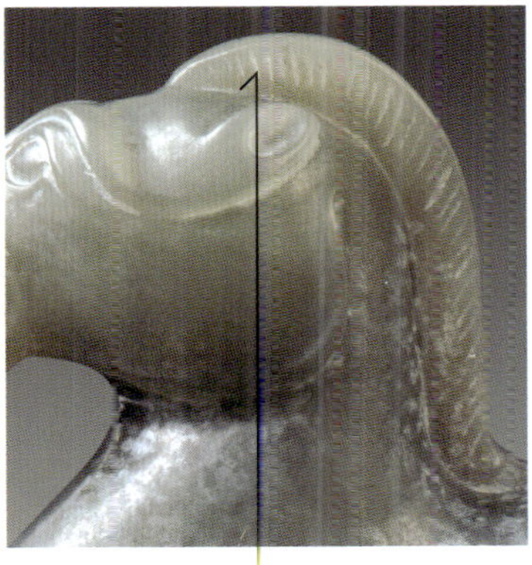

平行短阴线，两头细中间粗。

和田青玉质，玉质缜密，品相完好，包浆十分厚实，器身受侵蚀产生橘皮纹现象，尾部可见明显的淡褐色藻状沁。有的行家却认为，此器为白玉质，青绿色系铜绿沁蔓延所致。在收藏与整理中，笔者发现，这种青绿色的玉质为战国和汉代时期大量使用的一个特有的玉系，它具备和田玉质的所有特征，却在今天的和田玉色系中找不到印证。反过来，我们认为，这可以从用料上为鉴定战汉高古玉提供一个依据。

灰皮盘之则无，清水浸泡复出，此乃鉴别高古玉品方法之一。"灰"的化学成分不外乎是硅、酸、碱之类。高古玉深埋地下，经过千年土浸水泡积淀了大量的硅、酸、碱，所以能绵绵不断吐"灰"。不少仿品也会吐"灰"。主要是看，它吐的是什么"灰"？高古玉的吐"灰"现象至少有十几种，但在20倍镜下，其"灰"必须是晶状、浆状的，即使是粉状的也是由细晶体组成的。

把高古玉浸泡在热水、冷水之中均能出"灰"，只不过时间长短，吐灰量多寡不同而已。高古玉的吐灰会一直吐到五分熟为止（至少几百上千次）。有的高古玉不吐灰（微弱），比如玻璃光面的、呈年糕状的，只有在刀痕地方能看见其微弱的"灰"。受沁越严重、浸蚀越严重，吐灰越厉害。一般情况下，仿品的灰皮过渡僵硬，色发死，内外两层皮，表面的灰皮盘掉之后就不能再吐了，或越吐灰越弱，几次就没了。

玉天马形态逼真，椭圆形目眼角出梢，炯炯有神，极具写实主义色彩，堪称汉代玉马的标准器，十分珍贵。史树青先生在《古玉鉴定二十讲》一书中这样写道：陕西咸阳汉昭帝平陵出土了一件汉代玉马，具备下列特征：肥臀、短颈、凸胸，四肢细而短，马头窄长，鼻、眉等处有尖状凸起，马尾根部上冲。北京故宫博物院存有数件汉代玉马，皆有上述特点。这些玉马具有较统一的形式，皆为卧式，一前足踏地欲起，马嘴一般都张开（**参考1**）。

参考文献1《古玉鉴定二十讲》77页　吉林出版集团有限公司　史树青主编

圆雕玉坐熊（汉代）

Carved jade altorelievo in shape of a sitting bear (Han Dynasty)

高 5.7cm 深 4.1cm 宽 4.0cm

白玉质，玉质熟旧，主体受黛青色沁，略呈“虾子青”色调，局部受赭色沁，背部有大片灰皮；器表橘皮纹抛光特征明显。

熊张嘴露牙，舌头上撩，双乳下垂，饰浅浮雕滴水目，作踞坐状，形态凶猛；熊头顶圆形双角，内有管钻孔；玉熊四肢粗壮，大腿各披三道飞翼，后撩至背部，尾部肥而小，饰以平行短阴线。此器造型简洁大方，饱满敦实，工艺和用料堪称上乘，具有重要的观赏性和收藏价值。

圆雕玉瑞兽(西汉)

Carved jade altorelievo in shape of a mythical beast (Western Han Dynasty)

长 6.4cm 宽 3.5cm 高 2.1cm

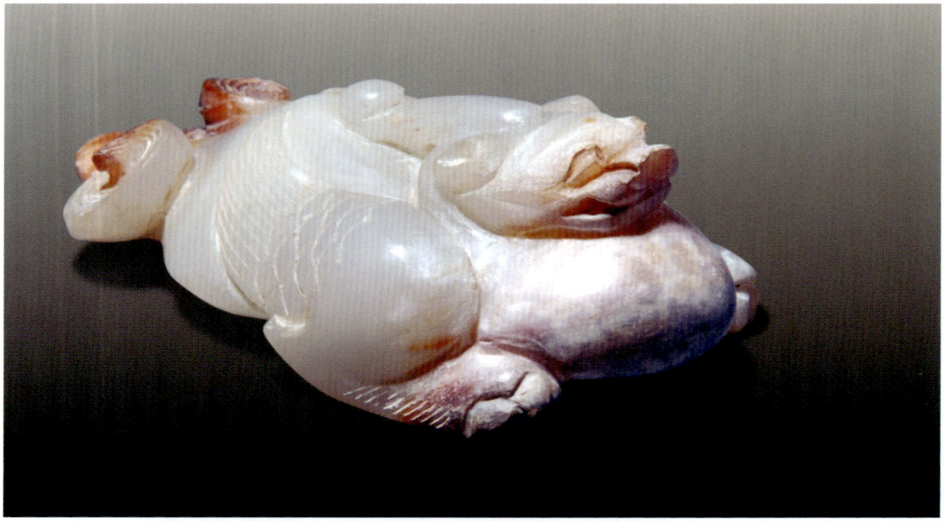

受石灰沁,色如朱砂。

和田白玉质,玉质细腻莹润,华光内敛。受石灰沁,沁色过渡有序,渐变自然,色红如朱,局部结晶解理,有晶状物析出,迎光闪烁,生坑特征明显。

瑞兽由多种动物元素组合,形如蝾螈(又称火蜥蜴,娃娃鱼等,全世界大约有400多种,此物有4条腿,皮肤潮湿,玉作蝾螈源于商周,盛于东周、汉代),头如独角螭虎,翅似戏水鸳鸯,足像伏状猛兽,腹同刮鼓青蛙。

瑞兽作卧伏状,琢猫耳,独角后伸上勾;前肢抱腹,腹鼓如球,犹如青蛙吹气——"战胜世界,必须先战胜自己";后肢化为尾翼,上卷形如漩涡;翅琢鳞纹,尾翅琢弧形阴线;足分三趾,腿饰短阴线。

一如两千余年的时光渲染,汉代神仙世界和积极浪漫主义精神,留给后人的是无尽的想像空间。是耶?非耶?并不重要,岁月留痕才值得我们玩味。

圆雕玉犬(汉代)

Carved jade altorelievo in shape of a dog (Han Dynasty)
长7.2cm 高3.1cm 厚1.9cm

白玉质。细腻油润,通体受沁,局部玉质已解理,呈晶状次生现象。

玉犬体形修长,脚琢四爪,四肢蜷伏前伸,前技并拢上翘,似在嬉戏;如意形鼻,双唇微张,双眉后扬,双耳垂肩,杏仁目,管钻圆形眼珠炯炯有神;长尾如鞭,尾梢如钩紧贴于臀部。

汉代圆雕动物以"四不象"神兽为主流,较少看到高写实的器形。此犬形神具备,气质儒雅,打型准确,高度写实,工艺精湛,抛光极为精良,类似器形难得一见,颇具研究和观赏价值。

圆雕玉天狗(汉代)

Carved jade altorelievo in shape of a dog (Han Dynasty)

长 6.9cm 高 5.3cm 宽 3cm

白玉质。致密坚硬,包浆厚实,蜡脂感强。器表橘皮纹抛光痕迹明显,局部受黄色沁、藻状沁,玉质有次生结晶现象,真品特征突出。

天狗四肢微屈,引颈露牙,胸部圆鼓,双耳上竖,琢杏仁目,双眉后卷,作仰天长吠状;背驮祥云,长尾分叉卷成如意纹紧贴后腿,四肢各琢短阴线,阴线两头细中间粗,两头浅中间深,符合汉代砣琢工艺特征。

此器工艺精湛,造型简洁生动,充满张力,有极高的艺术感染力和收藏价值。

白玉辟邪（西汉）

Carved jade "pixie" (Western Han Dynasty)

长 8.8cm 高 6.5cm 宽 4.0cm

背面

200倍局部放大

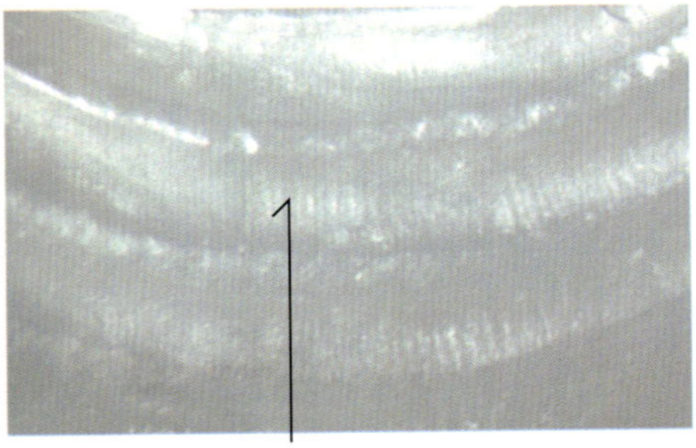

弦纹中的横向平行螺蚊，这是从痕迹学上对古玉辨伪的重要依据。

和田羊脂白玉质。玉质细腻，如脂似蜡，包浆厚实，通体无沁，白如截肪。唯在30倍镜或在高倍电子放大镜之下，能见少许饭糁和细小的沁斑。迄今两千余年的汉玉纵使表面没有一点沁色，其光泽也会从当年的玻璃光，变成现在的蜡脂光，迎光细看玉理已经发生变化，已变得漫漫散散，混混沌沌，筋脉毕现，通而不透。

“玉为肉，筋如骨”，每块和田玉或多或少都有玉筋存在，只是新玉的筋肉色调相同，不太容易看得出来。玉筋是玉质中最坚硬的部分，不易受沁，其他玉质受沁后，玉筋就浮现出来了。古玉中的玉筋和新玉中“水线”相同之处两者都是玉质中最为坚硬的部分；不同之处是，古玉的筋肉过渡自然，玉筋呈片状分布，如水流沙河，散漫而有交集；新玉中的水线和肉质之间往往泾渭分明，玉筋呈直线分布。

此辟邪跟随笔者多年，一直是案头的纸镇。直到今天它依然显现生坑状态，遇水仍能吐出浓重的“灰”，在刀痕和兽嘴部分特别明显。可见，它已受酸、硅之沁。这件玉器刚接手时，看似没有包浆。经过盘玩，包浆在几天内迅速出现，越发厚实，整器像一砣半透明的胶块。这实际上是高古玉常有的“隐形包浆”，而能成胶状包浆的均为上乘好料。举凡未受重沁的羊脂白玉，未经盘玩前往往色白如新，一经盘玩，玉质将慢慢偏黄、偏蓝色，古意盎然。这是古玉与人体弱酸弱脂接触反应所致，也是加快氧化的一种反应。对此现象，多年来笔者屡试不爽。

辟邪昂首挺胸，望天而吼，圆眼如意形鼻，张口吐舌露牙，双眉卷而后扬，头顶独角，猫耳坚挺；身披飞翼，尾部分叉，一叉为双翼，一叉琢弦纹，弦纹中有平行螺纹，乃为宽扁砣轮留下的痕迹。

此辟邪体态威猛，动感十足，工艺精湛，用料经典。难能可贵的是，此器流传至今两千多年，毫发未损，“崭新”如昨，它仿佛让我们回到汉代，看到一件刚雕琢完工的完美作品是如何模样，如何精彩绝伦。

转头辟邪（西汉）

Carved jade head-turning "pixie" (Western Han Dynasty)

长 6.2cm 高 3.2cm 宽 4.5cm

白玉质，质坚玉润，华光幽亮；受赭色沁，沁色渐变有序，过渡自然清晰，深入肌理；灰皮覆盖部分玉质产生质变，轻微钙化，生坑特征明显。

辟邪作爬行回首状，琢圆眼、如意形鼻，张口翘舌，獠牙对钳，双眉卷而后扬，猫耳坚挺；腿琢绒毛，尾部分叉，卷成如意形，一叉与左后腿交织，造型繁缛华丽。此辟邪形制奇特，动感强烈，充满张力，工艺精湛，有重要的收藏价值。

虎首玉辟邪（汉代）

Carved jade "pixie" in shape of a tiger's head (Han Dynasty)

长 9.1cm 高 4.5cm 宽 3.7cm

玉呈青黄色，如梅子初熟，玉质绵密温润，华光内蕴。整体受沁，灰皮挂身，团状、絮状饭糁深入肌理，若隐若现；局部受石灰沁和铁质沁，兽首呈现赭红色沁斑，有次生结晶。生坑现象明显，真品特征突出。

辟邪作蹲伏回首状，虎首、猫耳、猪嘴，双耳上竖，兽嘴闭张，獠牙对钳；眉骨高耸，下垂后撩卷成卧蚕纹，管钻圆形目正视前方，神态威猛。此器身披飞翼，背琢节状纹，兽尾分叉，卷成汉代辟邪常见的如意纹。

虎首玉辟邪造型准确，比例协调，形神俱佳，是研究汉代辟邪多样性的重要实物依据，具有突出的文物研究价值和艺术研究价值。

无角玉辟邪(汉代)

Carved jade hornless "pixie" (Han Dynasty)

长9.2cm 宽3.3cm 高4.0cm

青白玉质,包浆厚实,精光内蕴,受石灰沁,灰皮由浅及深过渡自然,部分深入玉质肌理,质变明显。受沁部分看似干结,然在10倍镜下,却十分油润。背部有土格现象,右前足受沁严重,有凹陷解理现象,并伴有晶状物析出,此为真品的重要特征。

汉代流行神仙思想,喻有旺运、避凶、招财功能的"辟邪"非常盛行。《山海经》说,辟邪系"来自海东神兽,能知人之忠佞不直者,触而啖杀之"。因此,汉人把辟邪看作吉祥物。汉高祖刘邦曾将辟邪命名为"帝宝",列为皇室专用之物,以开国昌运,护佑龙脉。民间有"一摸辟邪运程旺盛,二摸辟邪财源滚滚,三摸辟邪平步青云"之说。

此辟邪尾琢弦纹,四肢蜷足伏地,引颈露牙,獠牙对钳,蓄势待发,体态威猛。汉代辟邪有单角、双角之分,往往身雕飞翼,而此无翼,头无角的造型很是少见,弥足珍贵,颇具收藏价值。

俯首辟邪（汉代）一对

Carved jade "pixie" which lowered its head (Han Dynasty)

长 6.1cm 高 6.0cm 厚 2.2cm

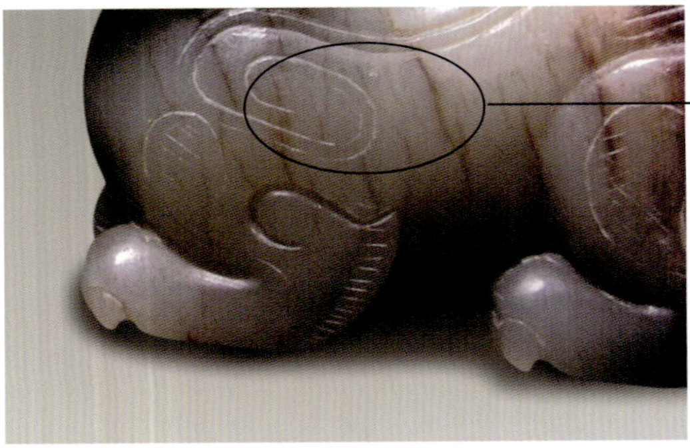

毛纹沁斑

青玉质，玉质温润缜密，如脂似蜡。两辟邪均受铁质沁，有赭色和褐色沁斑，沁色深入肌理，局部已产生质变。一辟邪器表有牛毛纹沁斑，斑纹过渡自然，无断沁现象，此为辨伪重要依据。

两辟邪均为传世品，经收藏者盘玩多年，器表呈年糕状，包浆厚实，具备半熟坑特征。辟邪独角后扬上卷，双眉后翘，杏仁目，三角形云纹耳，四肢蹲伏，立颈侧首作观地状；腿琢平行短阴线，代表绒毛，身琢双勾流云纹，网格纹。

此器体制独特，时代特征明确，加上身无飞翅的辟邪较少，故有重要收藏价值。

片雕辟邪（西汉）

Carved flake-shaped jade "pixie" (Western Han Dynasty)

高13.3cm　最宽5.7cm　厚0.3cm

白玉质，包浆厚实，器表油润，光泽幽亮；整器受多种物质入沁，玉质解理现象明显，有次生结晶和钙化现象。

辟邪正面呈站立状，张嘴露牙，耳朵上竖，鬃毛后扬，四肢强健有力，长尾拖地，形如猎犬；背面光素。俗话说，物以稀为贵。汉代辟邪形式多样，姿态各异，多以圆雕形式出现。片状辟邪，此为仅见。难能可贵得是，此器厚仅0.3厘米，却能在上面打磨出动静分明，凹凸有致的层次感来，殊属不易。

玉辟邪（西汉）

Carved jade "pixie" (Western Han Dynasty)

长10.1cm 宽4.6cm 高0.6cm

（类似器形）**圆雕白玉辟邪（西汉）**

长8.0 cm 宽3.3 cm 高4.7cm

汉代橘皮纹抛光

游丝毛雕。阴线有粗细、深浅不一的变化，边缘无崩裂，为砣轮所琢，这是鉴定汉代玉器的重要依据。

此辟邪为陈设用玉，和田白玉质，包浆厚实，通体受青色沁，俗称“虾子青”，沁色由深及浅，由内及外过渡浑然天成，皮壳光泽幽亮古久。身躯一侧有一道“土格（绺裂）”，乃出土时气压差所致。俗语说：“土格是证据（出土证据），沁色是历史，格不受沁。”格不受沁是指高古玉器出土时崩裂现象，此为鉴定真伪高古玉器的一个重要手段。

汉魏六朝玉神兽主要是辟邪及天马、怪兽等。辟邪的原型为狮子，狮子进入中国内地，最早在西汉武帝之时。《汉书·西域传》记载：“一角者，或为天禄；两角者，或为辟邪。”古方先生认为：“西汉辟邪多匍匐状，东汉则出现昂首挺胸、朝天吼之辟邪，另外还有蹲坐之辟邪。”此为辟邪的断代提供了精辟的依据。

辟邪匍匐而行，圆眼如意鼻，张口露牙，双眉卷而后扬上卷，头顶独角，身两侧各披双层三道飞翼，尾部分叉，一叉琢成飞翼，一叉卷成绞丝纹，形成一个大如意纹。此器工艺精湛，大气磅礴，为西汉辟邪经典之作，存世量少，弥足珍贵。

“望天吼”小辟邪（汉代）

Carved jade "snarling pixie" (Han Dynasty)

长 5.5cm 高 3.3cm 宽 1.8cm

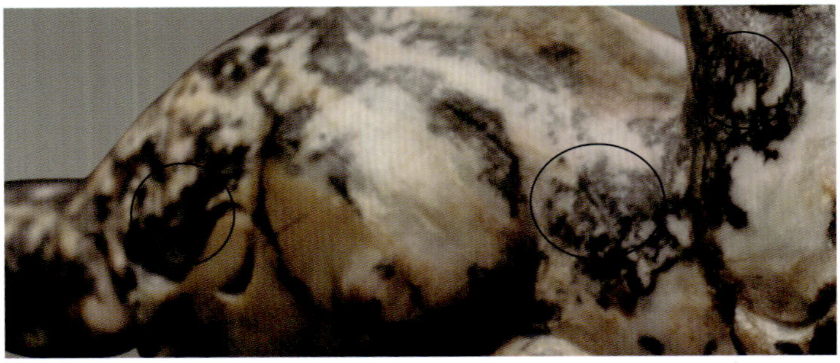

水银沁

玉质不明。质地温润细密，精光内敛。通体受水银沁，沁色黑、厚、亮，还受粉红色沁，两沁层次分明，相互映衬，颇像京剧须生面谱。

辟邪作坐卧状，独角前卷，獠牙对钳，朝天而吼，威风凛凛，整体构成一个三角形。此器身无翼，昂首挺胸，造型简洁充满张力，实为汉代辟邪精品之作。

站立辟邪（汉代）

Carved jade standing "pixie" (Han Dynasty)

高11cm 宽4.2cm 厚4.1cm

青玉质，包浆厚实老到，器表灰皮特征明显，沁色深入肌理，交代合理自然，生坑特征明显。

此辟邪类似汉代常见的玉立熊，琢工酣畅大气，气质粗犷张扬，宽额、鼓眼、高鼻，张口吐舌，上下獠牙对钳，头顶太阳纹，双角琢绞丝纹后仰下垂。微曲双腿，脚趾抓地似站马步，卷尾撑地，前肢化做“双手”，双拳紧握收于腰际，蓄势待发，好象今天军体操的预备动作。或许，它本身就是古代的演武造型。

站立辟邪造型独特，昂首挺胸，极具创意，应为东汉圆雕的精品之作。

坐立辟邪（汉代）

Carved jade sitting "pixie" (Han Dynasty)

高6.8cm 宽5.7cm 厚2.6cm

白玉质。器体分别受铁质沁和水沁，主体部分赭色沁斑深入肌理，过渡自然，层次分明。兽首部分玉质轻微解理，白色饭糁布满玉质内部，真品特征明显。

辟邪（汉代）

Carved jade "pixie" (Han Dynasty)

长 9.7cm 高 5.0cm 宽 4.7cm

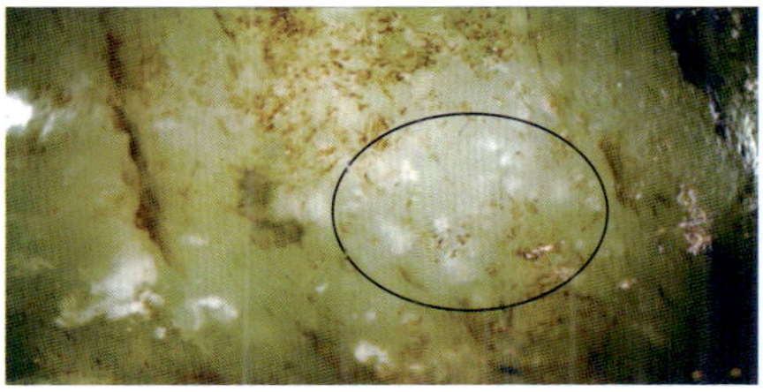

饭糁。实际上是一种失水的白化现象，如果面积大亦称为“豆花沁”。

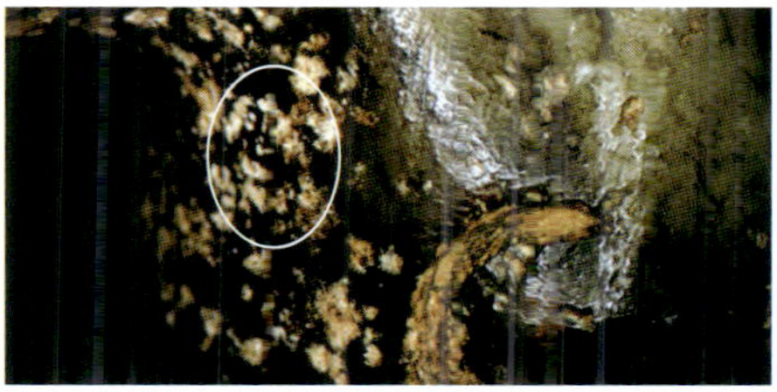

‘钉金沁’。是一种土蚀现象，钉金沁顾名思义是像铁钉打孔留下的痕迹。

青玉质。玉质温润，器表呈玻璃光包浆，玉器整体受沁，肌理有白色饭糁，局部器表布满钉金沁，真品特征突出。

辟邪屈膝前行，琢如意形鼻，张嘴露牙，双眉后扬，双耳上竖，双目外凸，管钻圆形眼珠炯炯有神；身琢双翼，腿刻平等短阴线，卷尾分叉呈如意状，一叉琢弦纹。电子放大镜下，可以看到弦纹道中有粗细不一的横向平行螺纹，这种痕迹大多数在砣轮起“刀”时留下的，中间部分往往因为抛光后痕迹较少，仅能看到粗细不一的长条抛光线向前延伸，但换个角度细看还是能依稀看到的。如果弦纹口，这些长条阴线粗细如一，且是平行的，基本可以断定是现代仿品。

此辟邪形态生猛，琢工精致，是汉代典型的制品，颇具收藏价值。

白玉鹿（汉代）

Carved white jade deer (Han Dynasty)

长 11.6cm 高 5.5cm 宽 2.0cm

另一侧

白玉质，质地致密坚硬，温润如脂。一侧洁白无沁，一侧受铁质沁，有较重的赭色沁斑，沁色过渡有序，深入玉理，伴随轻微瓷化现象，真品特征明显。

玉鹿头项角，侧首昂视，前肢紧曲，收蹄于腹，后腿踢地，作跳跃状，造型写实兼具夸张。鹿角细如游丝，极易折断，历经两千余年而保存完好，令人暗感侥幸。鹿身阴刻“米”字纹。汉代玉器上的“米”字纹与宋代的“米”字纹和“水”字纹有明显的区别，前者通常用“昆吾刀”等尖锐物直接在器形上刻画，通常为3划，更像“水”字纹，刀法随意草率；宋代的“米”字纹和“水”分别为4划和3划，系砣琢而成，刀法较为规整。

玉神鹿（西汉）一对

A pair of carved jade god deers (Western Han Dynasty)

长 7.6cm 宽 2.5cm 高 5.8cm

长 7.2cm 宽 2.5cm 高 5.6cm

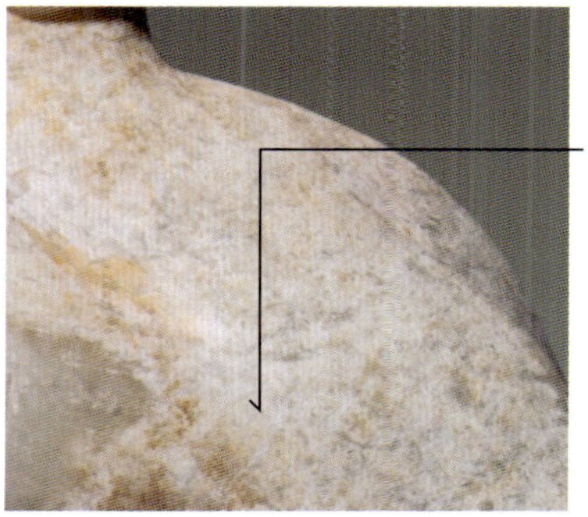

皮壳层次丰富

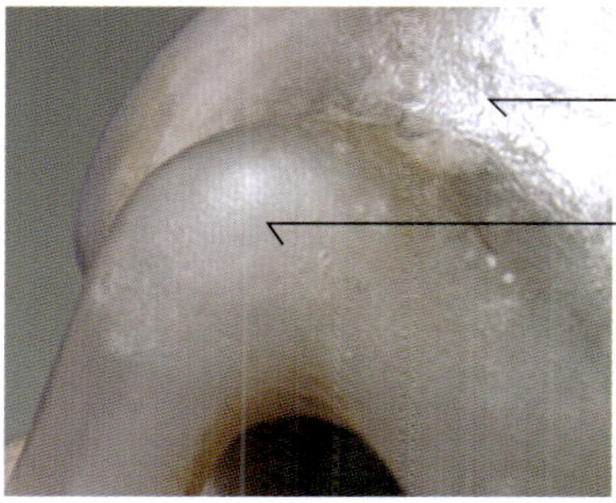

橘皮纹

开窗能见白玉质

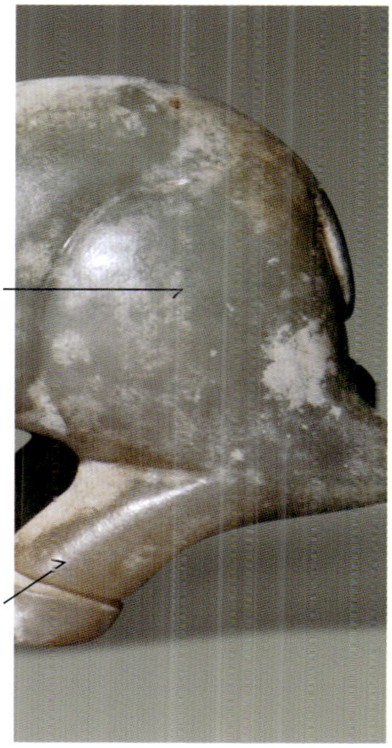

器表打磨光洁

沁色深入玉质肌理

白玉质。两鹿形状相同，大小略异，所受沁色完全不同。大者微受石灰沁，器表轻微解理，有晶状物析出；小者受多种物质沁入，其中以铜绿沁为主体，沁色深入肌理，玉质质变现象明显，有豆花状沁斑。两件器型用料一致，玉质缜密，包浆厚实，生坑特征明显。

鹿与“禄”同音，为古代吉祥兽。

鹿与中国古代人生活关系密切，在古人的日常生活甚至社会政治活动中占有非常重要的地位。现代学者经过研究发现，早在春秋战国一直到汉代，鹿在人们心目中的吉祥美好的形象就形成了。中国古代文化中，鹿至少有3个方面的象征。

一、鹿是爱情的象征。小伙子把鹿皮作为礼物送给喜爱的姑娘，必讨姑娘的欢心。因为穿上鹿皮做的衣服，可以子孙繁茂，人丁兴旺。

二、鹿是德音的象征。《诗经·小雅·鹿鸣》：“呦呦鹿鸣，食野之蒿。我有嘉宾，德音孔昭。”

三、鹿是权力的象征。《汉书·蒯通传》：“且秦失其鹿，天下共逐之。”“张晏曰：以鹿喻帝位。”又《晋书·石勒载记》（下）：“勒笑曰：‘朕若逢高皇，当北面而事之，与韩彭竞鞭而争先也。朕遇光武，当并驱于中原，未知鹿死谁手’。”在这两个典故中，鹿由人们追逐的对象，演变成权力的象征。

汉代是一个现实主义与浪漫主义并存，雄放与婉约同在的社会。一种囊括天下、吞吐宇宙的创造性心态，使汉人超越一切外在的束缚，自由、洒脱、痛快地生活，并热情洋溢地享受生活。这种开放性的心态直接影响到玉器砣琢工艺上。玉鹿琢灵芝状角，椭圆形目，右前肢作跪卧状，左前足踏地，两腿上部琢平行短阴线，代表神鹿奔跑速度；后肢屈膝欲冲，焦叶纹短尾紧贴肥臀，昂首挺胸，头部后仰卧，鹿角直抵后背。整器造型豪放，姿肆洒脱，动感十足。汉代圆雕玉鹿面世极罕，以成对出现此为仅见。

汉代辟邪精品

Elaborate works of jade pixie in han dynasty

中国古代玉器发展到汉代，琢玉工艺和艺术风格出现了一个新的高峰。一批精致的圆雕玉器横空出世，其中玉辟邪就是杰出的代表。这些玉辟邪融镂雕、圆雕及高浮雕于一体，毫发毕现的“游丝毛雕”工艺，爽利粗犷的“汉八刀”斜刻手法，无不给人以充满张力的视觉享受。后世不管如何高仿，始终是得其形，难得其神，难免有狗尾续貂之讥。

汉代流行神仙思想，喻有旺运、避凶、招财功能的“辟邪”非常盛行。《山海经》说，辟邪系“来自海东神兽，能知人之忠佞不直者，触而啖杀之”。因此，汉人把辟邪看作吉祥物。汉高祖刘邦曾将辟邪命名为“帝宝”，列为皇室专用之物，以开国昌运，护佑龙脉。民间有“一摸辟邪运程旺盛，二摸辟邪财源滚滚，三摸辟邪平步青云”之说。

这个时期，玉辟邪或呈昂首直立行走状、或呈匍伏待出状、或呈伏卧状、或回首、或站立、或歪首、或双角、或单角、或无角、或有翼、或无翼，它们的造型都表现了神奇威武、凶猛警世的气势。虽然形式没有一件是相司的，但其共同特点很多，是综合狮子头和身，犀牛或猛兽之角，羊须、鸟翅、虎爪子于一体之作，充分表现其凶猛超凡、神奇威武之势。

书中这些玉辟邪造型各异，风格不同，堪称汉代辟邪集成——

后　记 Postscript

寂寥无边

雷岩平(雨田)

一

立夏这天深夜,手机骤然响起,父亲的声音传来:我给你准备一些钱印书,儿子你什么时候回家拿?

父亲的声音和他腰上别的那部手机一样苍老,更似他古玩架上的瓶瓶罐罐,断壁残件,破旧却不失温馨。我心里一惊,打从春节后,居然没给父亲去过一个电话。

父亲老蔡是共和国第一代知青,上山下乡,采茶种地,忙碌而无为着。父亲所在的小县城临海背山,文化昌盛,博古之风源远流长,民间收藏方兴未艾。

或许是秉承前辈的遗传,无论外面如何热闹,他总不忘收藏、考究。老蔡执意地认为,考古比"考人"容易。"食古者富,迷古者穷",他显然属于后者。知青大返城后,在母亲不绝于耳的絮叨声中,父亲老蔡完成了从知青到收藏爱好者的转型。在偏僻的小县城,他的"斋"热烈地开着,成了街坊邻里、业界同行的免费茶馆和信息集散中心。

老蔡的儿子雨田我,在扫地端茶中完成了收藏知识的启蒙。

上个世纪80年代中期,年轻的父亲以火热的心,带着儿子兴致勃勃地进行着他的第二次"上山下乡",追寻大户遗踪,达人后裔,走乡串户,近至乡邻周边,远达黄河南北。老蔡信奉"君子爱财取之道",从未抱着捡漏的心理收藏,每遇所好,总以实相告,双方实诚估价,既交朋友又获所爱。

那时,母亲在老街旁支起凉棚卖斗笠、油伞和仙草冻。刚刚解决温饱问题的父亲,总是举债收藏。每次远行,母亲就在他内裤上缝个小口袋,把钱妥帖地封在里面。走一段路,父亲定会下意识伸手按一按说:"钱贴肉踏实。"

夕阳秋风中,他的健壮的脚步在古道上撞击回响,恍若天籁之音。

父亲渐渐老了,江湖越发浊了,父亲退而开"斋"。

他的"斋"在一条小弄里,不起眼,不挂牌,不沾来路不明的货。"斋"里的老人们格物致知,一脸高古之态,他们不谈政治,专说"故事"——

某一日，有人拿“西周古玉”请老人断真伪。老人上手一掂，说：“不是西周的，是上周的。”来者羞赧而去。老蔡见此，照例一声叹息。

鞋匠赵七集古多年，常以行家自居。忽一日，到徒弟家里呷酒，醉眼迷离中，扔下一叠钱，抱起一只“汝窑”瓶就走。徒弟大急，紧追慢赶还是撵不上师父。遂去电告知：“师父哎，那是新货。”鞋匠大怒：“兔崽子，考师父眼力？”抱至楼下，食杂的老板打起招呼：“鞋匠！不收古董，改收酒瓶了？”

鞋匠大羞，从此破帽遮颜过闹市。

风水匠天寿在广州古玩城摆了两年地摊后，回乡开“斋”发展。开业当天，有人问：“这尊毛泽东像是什么时候的？”天寿坚定地回答：“明朝的！”围观者笑岔了气。天寿满脸无辜：“真的就是真的，骗你我会死！”

就这样，老家的收藏者和古董商们在“故事”和笑料中得到洗礼与提升。他们的鉴赏水平良莠不齐，有的甚至停留在“明朝毛泽东”的水平上；但老家的人不怕打眼，屡败屡战，却从不坑人，谁要知假售假，必遭口水淹灭。他们对古文化的热衷，对财富的向往，几乎成了中国时下收藏队伍的一个缩影。

似水流年，端茶扫地的“斋”里少年翻山涉水上大学、入社会，接受系统的文化浸染。此后的日子，不管如何风花雪月、得失浮沉，高古玉器始终与我如影随形，不弃不离，即使是闭上眼睛也能触摸出每件玉器上最细微的特征，感受到历史留下的余温和那高贵逼人的时代气息。

在平凡的现实世界里，每件商周小品，战器汉玉，总能让我做足一个个古典幽梦。魂梦中，一场场凌虚转瞬的依恋，那故乡山头迎风飞舞的野秋菊，与“斋”里的老人脸孔一同映像重叠。

此景，让我如此不舍。

二

福建，在中华版图上，是一个个性十分鲜明的地域。从刀耕火种的闽越先民，到风云际会的东西交流，文明之光在东南边陲这块土地上璀璨辉映数千年，丰厚积淀惠施后人。

福建近港靠台，特别是与台湾有着血浓于水的天然联系，按官方的概括，叫做“地缘相近、血缘相亲、文缘相承、商缘相连、法缘相循”。许多重器曾经从这里流向国外境外，现在又有不少文物从国外境外回流至此。一些国外以及港台地区的收藏家与闽省的交流也因此日益深入。

山不在高，有仙则名；水不在深，有龙则灵。这些年，许多海外鉴赏家昔来了先进的检测仪器和新锐的知识，使得像我这样的晚辈后学耳目一新，成为得天独厚的受惠者。赖以他们和国内专家的多年帮助、提携，我才有勇气对凝聚着山川河岳灵气的高古玉器，进行一次小心翼翼的小结。

相形于字画、瓷器、明清件和翡翠，高古玉器在今天是一项冷门收藏。恰恰是这种“冷”，给了我一个非功利的宁静写作心境。我一直这样安慰自己。可实际情况又告诉自己：有时做不到。采访、写稿、出差、会议、高校教学，让我身处一种悸动而浮躁的时空里，工作的属性决定了我热爱的职业环境是一个死循环。以我的修为和定力，远远达不到“动静虚实，进退自如”的境界。对于高古玉的研究，我依然身处“看山是山”的初级地步。

直到写这本书时，我才发觉“玩”和“写”是两回事。玩可随心所欲，写则对他人负责。学生时代，写说明文就是我的弱项。平常两三句话就介绍完毕的器形，写进书里可能20句也拿不下。器形、词汇雷同，语境表述难以创新，常让我思维纠结。书桌上的电脑与女儿几近同龄，人脑与电脑，我俩屡屡双双“死机”。

后记的初稿仅用数支烟的时间即告完成，同事看后积极抨击：古玉那么优雅高贵，竟然被你写得那么荒凉破败，实属糟蹋。还有呐，后记应该写上感激谁谁的无私帮助与鼓励啊。

顿时，我汗颜不已。在这里，我真诚感谢中国文物学会、中国古玉研究会的专家们对器物的把关与建议；感谢中国文物出版社总编辑葛承雍等老师指导；收藏家陈鸿清、张晓辉、欧阳学农，摄影家张俊国、郑继，以及一批朋友和同事默默无闻的帮助。没有你们无私的支持，以我的力量出版这本书真的很难。还有许多未曾谋面的专家、收藏家、网友，可谓是前人栽树，后人乘凉，你们的许多理论、观点被我直接引用到本书中，因为没有具体联系方式，谨允许我在这里表示歉意与谢意，对你们我充满感恩。

三

器型整理分类，器物送检把关，寻找资料印证，还有诸多琐事干扰，这本书250余件玉器从写作到出版我用了近两年。其间，发生了许多事，天寿把“斋”勇敢地开到大上海，除了瓷器老本行外，还兼营中正剑、鬼子刀、寿山石等工艺品；北京某个专家团来小县城鉴宝，鞋匠赵七身着马褂长袍，手持水烟筒携宝入场，一时技痒夸夸其谈，夺了专家的彩，被保安请出会场；去年初，老蔡应邀在省城开“斋”，只因缺乏老伙伴们的“气场”，仅半年便搬回老家。

老蔡的“斋”一如既往热烈地开着，斋里的老人们依然满脸高古之色。他们还是不谈政治，不谈绯闻，倒是轮番托人递话给我——有空回头（回家）看看。

在为这本书写后记时，我猛然想起，全书没有一个文字是在夜间10点前写的。一包香烟、一杯浓茶，伴我度过了窗外的一场场风雨，一轮轮明月。窗内的我茕茕孑立，走进了古玉的世界，却走不出厚重的历史。

秦时明月汉时关，历史极度安静，我心寂寥无边。

2010年立夏

（作者系 中国文物学会会员 中国古玉器研究会会员）

《遥远的符号》参考书目

《古玉鉴别》栾秉璈著 文物出版社
《中国古玉收藏与鉴赏》系列 王文浩(楚天)李红 著
蓝天出版社
《文物藏品定级标准图例·玉器卷》 文物出版社
《中国玉器投资与鉴赏》周南泉 主编 李彦君 编著
大象出版社
《中国古玉器图典》古方主编 文物出版社
《中国古玉器断代与辨伪·古玉动物与神异兽卷》周南泉 著
蓝天出版社
《中国艺术品收藏鉴赏百科全书·玉器卷》史树青 总主编
收藏家杂志社编 北京出版社
《古玉图考》、《周礼》等若干古籍

郑重鸣谢高古玉网友、藏家、专家，本书采用你们许多的观点，由于工作繁杂，经验不足，未能获悉材料出处及你们的芳名，在此深表歉意与谢意！

——作者

图书在版编目(CIP)数据

遥远的符号：中国高古玉器鉴赏 / 雷岩平著. --福州：福建美术出版社, 2010.11

ISBN 978-7-5393-2438-8

Ⅰ.①遥… Ⅱ.①雷… Ⅲ.①古玉器—鉴赏—中国—古代 Ⅳ.①K876.8

中国版本图书馆CIP数据核字(2010)第225037号

书　　名	遥远的符号—中国高古玉器鉴赏
作　　者	雷岩平
责任编辑	卢为峰
出版发行	海峡出版发行集团 福建美术出版社
印　　刷	福建彩色印刷有限公司
设　　计	福建龙之行传媒有限公司
开　　本	787 X 1092mm　1/16
印　　张	19
字　　数	220千字
版　　次	2011年1月第1版第1次印刷
书　　号	ISBN978-7-5393-2438-8
定　　价	138.00元